中國學術思想 研究輯刊

十七編

林慶彰 主編

第 **19** 冊

張載哲學新探

謝榮華 著

花木蘭文化出版社

國家圖書館出版品預行編目資料

張載哲學新探／謝榮華 著 — 初版 — 新北市：花木蘭文化出
版社，2013〔民 102〕
目 2+156 面；19×26 公分
（中國學術思想研究輯刊 十七編：第 19 冊）
ISBN：978-986-322-409-9（精裝）
1.（宋）張載　2. 學術思想　3. 宋元哲學
030.8　　　　　　　　　　　　　　　　　　102014752

中國學術思想研究輯刊
十七編　第十九冊　　　　　　　ISBN：978-986-322-409-9

張載哲學新探

作　　　者　謝榮華
主　　　編　林慶彰
總 編 輯　杜潔祥
出　　　版　花木蘭文化出版社
發 行 所　花木蘭文化出版社
發 行 人　高小娟
聯絡地址　235 新北市中和區中安街七二號十三樓
　　　　　　電話：02-2923-1455 ／傳眞：02-2923-1452
網　　　址　http://www.huamulan.tw 信箱 sut81518@gmail.com
印　　　刷　普羅文化出版廣告事業
封面設計　劉開工作室
初　　　版　2013 年 9 月
定　　　價　十七編 34 冊（精裝）新台幣 60,000 元

張載哲學新探

謝榮華　著

作者簡介

謝榮華，男，1978 年生於江西。1999 年至 2005 年就讀於北京大學哲學系，師從陳來教授，專攻張載哲學思想。2002 年獲哲學碩士學位，2005 年獲哲學博士學位。曾在《中國哲學史》、《孔子研究》、《中國學術》等刊物發表《中國古代哲學中的「本體」概念考辯》、《「子奚不為政」？——試論儒家的「為政」方式》等多篇論文及譯作，並為中央電視臺國際頻道《語林趣話》節目撰寫《不貳過》、《見賢思齊》等關於儒家傳統文化的文章。

提　要

　　本文以大量的一手文獻資料為基礎，以範疇分析方法為基本工具，以西方哲學的有關理論擴展視野，圍繞文獻的準確解讀這一中心來彰顯張載哲學的主旨，並在此基礎上對已有研究做出自己的回應。論文以張載哲學中太虛與氣、神與化、性與命、心與物等四組概念為中心，細緻分析了張載哲學思想中的天道觀和心性論，並在此基礎上對張載哲學做了重新定位。

　　論文分六個部分。「導言」部分概述了張載的生平，並對本文的研究目的與方法、論文的框架安排以及資料來源等做了說明。第一章為「虛與氣」，探討張載哲學中的天道本體。太虛與氣之體用關係是在對治佛老二氏的要求下建立起來的，氣分廣義與狹義，太虛與氣是同質關係而非「相即」關係。第二章為「神與化」，研究張載哲學天道流行的內在理則與價值意蘊。「神」與「化」一本於氣，它們作為天德與天道，為人之世界提供了價值基礎。第三章為「性與命」，闡發張載哲學中由天到人的理路。張載的「性」之概念，本於氣之湛一本性與攻取之性，而落實於天地之性與氣質之性的區分，並為人之命運提供了當然之則。第四章為「心與物」，分析張載哲學中以人合天的進程。張載以心合內外為基礎，確立了窮理與盡心的內外並重的修養路線，以聖人境界為最後指歸，從而達到「民胞物與」的「大我」之境界。在「結語」部分中，通過對全文內容的回顧，作者指出，對張載天人哲學體系的總體定位，氣本論是合理的選擇。

目
次

導　言

　　張載，字子厚，北宋長安人，生於宋天禧四年（公元 1020 年），卒於宋熙寧十年（公元 1077 年），因長期居住於陝西鳳翔府郿縣橫渠鎮，世稱橫渠先生。年二十一經范仲淹勉勵，始讀《中庸》[註1]，但讀完以後「猶以爲未足，又訪諸釋老，累年究極其說，知無所得，反而求諸六經」（《宋史・道學傳》）；從此苦心極力，窮地稽天，本「爲天地立心，爲生民立命，爲往聖繼絕學，爲萬世開太平」的宏偉志向，以「志道精思，未嘗須臾息，亦未嘗須臾忘」的專一精神，汲汲於再興儒學，與釋老較是非、計得失，最終創立了自己獨特的思想體系。其學被稱爲「關學」，與當時二程兄弟的「洛學」，王安石的「新學」一起，蔚爲當時三大顯學，而橫渠本人，則與周濂溪、邵康節、二程兄弟等並稱「北宋五子」，後人尊其爲北宋道學開山之一。

　　橫渠之思想，在道學史上產生過非常重要的影響。例如，其關於天地之性與氣質之性的劃分、心統性情的說法等，均爲後來道學家所繼承，而其在《西銘》中闡發的「民胞物與」思想，更是受到道學家的普遍讚揚。這麼一位重要的思想家，自然是中國哲學史研究、尤其是宋明道學研究所需要重點關注的。近代以來關於橫渠哲學思想的研究，可謂詳盡，而促使我們對這樣一位思想家再進行探討的原因則是因爲，晚近隨著對橫渠研究的深入，出現了對橫渠思想重新進行定位的要求。在以往關於橫渠哲學的總體定位問題上，大體上有兩種不同的詮釋進路，即大陸以張岱年先生爲代表的氣本氣化

[註1]　《行狀》謂「當康定用兵時，年十八，慨然以功名自許，上書謁范文正公」。「康定用兵時」爲康定元年，即公元 1040 年，此時橫渠已年二十一，「年十八」一說當誤。參《宋史・道學傳》及（清）武澄編《張子年譜》。

說與港臺以牟宗三先生爲代表的太虛神體說。正如有研究者指出，不同的詮釋進路之間可以互相溝通，互相借鑒，甚至可以互相融會〔註2〕，因此新形勢下對橫渠哲學的重新定位，需要建立在已有的研究基礎之上，這一點勿庸置疑；然而還有更爲根本的一點，即任何時候對橫渠思想的解釋，必須立足於橫渠之著作本身，必須要有充分的文本資料來予以佐證。故而，立足於橫渠著作本身，結合已有研究，在新的時期更爲全面而深入地把握橫渠思想，就成了橫渠哲學思想研究深入發展所需要面對和解決的問題。這既是本書所作之理由，也是我們所希望達到的目標。

由於橫渠造道是出於強探力索，因此雖然橫渠對措辭極爲重視，但是在時人看來已經是「意屢偏而言多窒，小出入時有之」，〔註3〕這就使得橫渠著作比較晦澀難懂，從而爲準確把握橫渠思想增加了難度〔註4〕。由於橫渠使用的很多範疇，後來都成爲道學中的通用術語，只有對這些範疇辨析清楚，才有可能準確把握橫渠的思想，故範疇分析的方法，是理解和把握橫渠思想基本而有效的方法，這一點亦爲以往的研究所證明。基於此，本文以「虛氣」、「神化」、「性命」、「心物」四對範疇爲中心，深入分析橫渠之思想。之所以選擇這四對範疇，是因爲：「虛」與「氣」之關係爲構建橫渠思想大廈的基石，「神」與「化」爲橫渠天道觀中的核心概念，「性」與「命」爲橫渠天人一本思想的展開重點，而「心」與「物」之關係乃橫渠天人合一人生修養論的關鍵。從此四對範疇入手，或能從總體上把握橫渠「天」、「道」、「性」、「心」次第展開的天人哲學體系。

我們主張把橫渠思想理解爲一個自足而完滿的哲學體系，因此在具體的分析過程中注重通過資料的相互發明來揭示橫渠之思想，但是這樣做不是否認橫渠本人之思想有一個前後發展的過程。作爲一個一生都以造道爲目標的思想家，橫渠本人思想發展的大體脈絡還是比較清楚的。大略說來，康定元年（公元 1040 年）范仲淹勸橫渠潛心《中庸》，此前乃是橫渠思想之「早悅

〔註2〕 丁爲祥：《虛氣相即——張載哲學體系及其定位》，頁 376～378，人民出版社，2000 年版。

〔註3〕 伊川：《答橫渠先生書》，載二程《文集》，見《二程集》頁 596，中華書局，2004 年版。

〔註4〕 此反映在橫渠思想之大成的《正蒙》一書上。有學者謂其爲「先秦以後少數幾部需要注解才能爲初學者所讀的著作之一」。參見程宜山：《張載哲學的系統分析·導論》，頁 1，學林出版社，1989 年 8 月第一版。

孫吳」階段；自康定元年（公元 1040 年）至嘉祐二年（1057 年），則是橫渠泛濫佛老歸本六經之階段，由此確立了其理論體系，從而煥然自信「吾道自足」；從嘉祐二年（1057 年）登進士第至於熙寧四年（公元 1071），這段時間是橫渠思想之精熟時期；從熙寧四年（公元 1071）至熙寧十年（公元 1077 年），則是橫渠思想之熟化期。〔註 5〕只不過，本文作爲綜合性的研究，主要是希望能在既有研究基礎上對橫渠思想進行新的探索，故著眼於整體的把握。在研究過程中，我們還有意識地參照了西方哲學中的某些觀點，特別是以懷特海（Alfred North Whitehead）爲代表的過程哲學。這種參照，不是爲了「以西釋中」，不是拿著西方哲學中的名詞和理論來解釋橫渠的思想，我們這樣做的目的僅僅在於，通過這些觀點拓展我們的眼界，以期能夠在一個更爲廣闊的視野和背景下，對橫渠思想進行更爲深入的瞭解和把握。

另外還要說明的是，鑒於中華書局 1978 年版《張載集》已經收入了現存可見的大部分橫渠的著作，故本文亦以此爲主要資料來源，〔註 6〕行文引用橫渠資料所標注之頁碼，除非特別說明，皆出自該書，下不復述。

〔註 5〕《晦庵集》卷八十六載朱子贊橫渠先生曰：「早悅孫吳，晚逃佛老，勇撤臯比，一變至道。精思力踐，妙契疾書，訂頑之訓，示我廣居。」另，就橫渠之著作來說，《橫渠易說》屬於其早年講《易》記錄，而《正蒙》則爲晚年所成，二者顯然反映了橫渠不同時期的思想。

〔註 6〕當代亦有學者搜集了不少橫渠著作的佚文，如林樂昌《張載佚書孟子說輯考》（載《中國哲學史》2003 年第 4 期），爲橫渠研究增添了新的資料。

第一章　虛與氣

　　太虛與氣，這是張載構建其整個思想體系的基石，因此太虛與氣的關係，是張載哲學中最重要、也是研究者不可能繞開的問題。晚近的研究中，原本界限分明的兩種典型詮釋進路，即大陸氣本氣化說（所謂宇宙論的研究進路）與港臺太虛神體說（所謂本體論的研究進路），在經歷了反覆的探討之後已經有漸漸合一的趨勢。例如，以太虛神體爲準的的港臺牟宗三先生詮釋一路，其後學亦認爲，如果一定要套用實體的概念，則只有氣這一種實體；〔註1〕而大陸在秉持太虛即氣的基本詮釋理路中，也對太虛有了更爲細緻的分殊；〔註2〕此外，大陸甚至有學者提出，從概念以及實質的角度，太虛可界定爲「涵氣爲有」，故太虛非氣〔註3〕。

　　在橫渠著述中，太虛與氣的關係的確是非常複雜的。《正蒙》之中既有「太虛即氣」的表詮說法，從正面直接定義太虛與氣的關係；也有從反面批判「虛能生氣」、從而肯定太虛與氣非二的遮詮理路。在其它的地方，橫渠還有「虛者天地之祖，天地從虛中來」（頁326）、「萬物取足於太虛，人亦出於太虛」（頁324）的表述。也許可以這樣說，對橫渠著作可有多種詮釋進路，而這多種進路中，不排除互相之間有矛盾的地方。基於此，有研究者指出，從文本

〔註1〕朱建民：《張載思想研究》，頁28，臺灣文津出版社1989年（民國78年）版。

〔註2〕參見陳來：《宋明理學》，頁58～61，遼寧教育出版社1991年版；張立文：《宋明理學研究》，頁191～201，人民出版社，2002年版。

〔註3〕參見湯勤福：《太虛非氣——張載太虛與氣之關係新說》，《南開學報》，2000年3期。

詮釋的角度來說，「太虛即氣」的氣一元論定位和虛氣並舉的二元論解釋在張載著作本身中都有足以支持的根據，故張載哲學本身有不一致的地方；而產生這種現象的原因，主要不在於著作本身的滯詞，而在於橫渠爲了滿足本體論與宇宙論不同的要求，而不自覺產生理論的內在矛盾。〔註4〕

關於張載理論體系存有內在矛盾之說由來已久，例如在二十世紀80年代初，就已經有張載哲學氣性二本的說法；晚近關於張載因本體論與宇宙論混然而產生理論的內在矛盾，可視爲張載哲學研究更加深入的具體體現。對於張載思想進行研究的人，毫無疑問都要採取某一種詮釋的進路，其對文本的解讀及歸納的觀點，反映的只能是該研究者本人的視角。當然，一個不爭的事實是，即便對橫渠著作存在多種詮釋進路，不同的詮釋進路本身，總是試圖將橫渠哲學視爲一個整體來加以解讀的。由此，就解釋的合法性角度來說，各種詮釋進路之間可說是無高下優劣之分；但是即便各種詮釋進路可以並存，在不同的詮釋進路之間，同樣有一種詮釋力度的比較問題，這包括可以解讀的文獻面有多寬，對所解讀文獻意義的把握是深是淺等。客觀來說，這還可以作爲衡量研究者對文本解讀是否成功的一個參照標準。

由此，我們有了對橫渠的虛氣關係重新進行屬於自己的理解的理由。我們希望在立足客觀、全面地把握和解讀橫渠著作之基礎上，結合前人對此問題的相關研究，提出自己的看法。

一、在對佛老的批評中凸顯的虛氣關係

《正蒙·范育序》云：

> 自孔孟沒，學絕道喪千有餘年，處士橫議，異端間作，若浮屠老子之書，天下共傳，與六經並行。而其徒侈其說，以爲大道精微之理，儒家之所不能談，必取吾書爲正。世之儒者亦自許曰：「吾之六經未嘗語也，孔孟未嘗及也」，從而信其書，宗其道，天下靡然同風，無敢置疑於其間，況能奮一朝之辯，而與之較是非曲直乎哉！（頁4〜5）

自西漢武帝黜百家而尊儒術，儒學成爲經世之學，出現了所謂「治一經得一

〔註4〕 參見馮耀明：《文本詮釋與理論轉移——中國哲學文本詮釋三例》，《中國哲學史》，2002年3期。

經之益」的局面〔註5〕，然而重器物刑名所造成的後果是煩瑣且在理論上鮮有創新；與此形成鮮明對比的是，魏晉清談，老莊之學大盛，隋唐兩朝，佛學空有之說流行。這一期間，浮屠老氏之書與儒家經典並世而立，其學說廣爲散播，而「世之儒者」在佛學與老學的精妙理論面前，意識到儒家學說的局限，轉而接受佛老學說，從而自覺或者不自覺地成爲二氏學說的俘虜，是所謂「學絕道喪」。宋代儒學的復興，或者說道學的興起主要有兩個對立面，其中之一即是應對佛學與道家道教尤其是佛學的挑戰。這一過程自中唐韓愈「人其人，火其居」的自覺排佛開始，而發展至於宋初則在政治倫理上批判佛老的同時，轉換成對發明周孔之道學問的呼喚。〔註6〕橫渠作爲道學奠基人之一，在此更是自覺體會闡發儒家大道精微之理對拒斥佛老的重要意義，其高弟子范育評論說：

> 子張子獨以命世之宏才，曠古之絕識，參之以博聞強記之學，質之以稽天窮地之思，與堯、舜、孔、孟合德乎數千載之間。閔乎道之不明，斯人之迷且病，天下之理泯然其將滅也，故爲此言與浮屠老子辯，夫豈好異乎哉？蓋不得已也。（頁5）

范育在序言中反覆提到橫渠之「不得已」，這裏顯示出橫渠之拒斥佛老具有高度自覺。橫渠本人入德之途以《中庸》啓始，後泛濫佛老，累年窮究其說，知無所得而返歸六經。這一過程，就時間上說，即是在范文正勸讀《中庸》的康定元年到「吾道自足」的嘉祐二年，期間長達17年〔註7〕。毫無疑問，這是橫渠形成不得已而與浮屠老子辯、並以之作爲自己建構理論體系基礎的關鍵時期。《正蒙》爲橫渠思想熟化階段的反映，其對浮屠老氏學說的批判，更近精微。作爲橫渠哲學非常重要的一個方面，其對佛老的批判，正如范育所說，貫穿了橫渠思想的始終：

> 浮屠以心爲法，以空爲眞，故《正蒙》闢之以天理之大，又曰：「知虛空即氣，則有無、隱顯、神化、性命通一無二。」老子以無爲爲

〔註5〕皮錫瑞云：「武（漢武帝）宣（漢宣帝）之間，經學大昌，家數未分，純正不雜，故其學極精而有用，以《禹貢》治河，以《洪範》察變，以《春秋》決獄，以三百五篇當諫書，治一經得一經之益也。」見氏著：《經學歷史》，頁90，中華書局，1959年版。

〔註6〕陳來：《宋明理學》，頁38～39。

〔註7〕橫渠上書謁范文正公在康定元年（公元1040年），至嘉祐二年（1057年），中間長達17年。

道，故《正蒙》闢之曰：「不有兩則無一。」至於談死生之際，曰「輪轉不息，能脫是者則無生滅」，或曰「久生不死」，故《正蒙》闢之曰：「太虛不能無氣，氣不能不聚而爲萬物，萬物不能不散而爲太虛。」夫爲是言者，豈得已哉！（頁5）

范育認爲，「虛空即氣」、「天理之大」乃是針對佛學「以心爲法，以空爲眞」；而「太虛不能無氣」、氣聚散萬物、甚至「一物兩體」等命題，則是橫渠對治道教「無爲爲道」與長生不死理論而建構起來的。這正說明，橫渠的「太虛即氣」理論是針對佛老二氏而建立的一種儒家本體論。〔註8〕

既然橫渠建構自己的虛氣理論，有極其明確的針對性；那麼，我們今天要討論橫渠太虛與氣的關係，必須明確考慮到這種針對性。此外，從理論建構角度來說，橫渠以太虛即氣爲理論基礎來批判佛老二氏，但是作爲我們探討的對象，橫渠思想中太虛與氣的關係尚處於晦暗不明的狀態中，即是說，橫渠之立論基礎是我們需要達到的結論，由此，我們的探討與橫渠之理論進路恰成一個逆向過程。故而，由橫渠對佛老二氏的批判，可成爲我們探討太虛與氣關係的出發點。

《正蒙·太和篇》中，橫渠云：

若謂「虛能生氣」，則虛無窮，氣有限，體用殊絕，入老氏「有生於無」自然之論，不識所謂有無混一之常；若謂「萬象爲太虛中所見之物」，則物與虛不相資，形自形，性自性，形性、天人不相待而有，陷於浮屠以山河大地爲見病之說。此道不明，正由懵者略知體虛空爲性，不知本天道爲用，反以人見之小因緣天地：明有不盡，則誣世界乾坤爲幻化。幽明不能舉其要，遂躐等妄意而然。不悟一陰一陽範圍天地、通乎晝夜、三極大中之矩，遂使儒、佛、老、莊混然一塗。語天道性命者，不罔於恍惚夢幻，則定以「有生於無」爲窮高極微之論。入德之途，不知擇術而求，多見其蔽於詖而陷於淫矣。

（頁8）

橫渠在這認爲，要認識到道家道教理論中「有生於無」的觀點和佛學因緣和合幻化萬物理論的錯誤，必須「能推本所從來」。下面我們詳做分殊。

橫渠指出，老氏「有生於無」自然之論是認爲「虛能生氣」，其後果是「不識有無混一之常」。對此批評我們可以解析爲三個層次：第一，對「虛能生氣」

〔註8〕陳來：《宋明理學》，頁59。

的批評；第二，對「虛無窮，氣有限」的批評；第三，對「體用殊絕」的批評。

「虛能生氣」理論，即把太虛當作先於氣的世界本原的看法，由來已久。《淮南子‧天文訓》提出：「道始生虛廓，虛廓生宇宙，宇宙生氣，氣有涯垠，清陽者薄靡而爲天，重濁者凝滯而爲地。」《內經‧天元紀大論》中說「太虛寥廓，肇基化元。」此類觀點，即是橫渠批評中第一個「若謂」（「若謂『虛能生氣』」）的來源。虛爲無，氣爲有，則「虛」生「氣」即是「有生於無」。橫渠對這種「有生於無」理論的批評表明，在他的理論體系中：

1. 太虛與氣不存在相生的關係。從宇宙論的角度來說，假定甲物生出乙物，則在時間之箭上，甲物必然先於乙物而存在。《淮南子》提出的道——虛廓——宇宙——氣——萬物的過程，正是表明「虛」在時間上先於氣而存在。故而，橫渠不贊同「虛能生氣」，表明在他的體系裏面，太虛與氣在存在時間上沒有孰先孰後的問題，或者說，二者在時間一維中處於相同的一個地位。

2. 太虛與氣不存在無限與有限的區分。這就是說，二者或者都是無限的，或者都是有限的；結合橫渠其它方面的描述，例如「虛則事物皆在其中」（頁288）、「虛上更有何說」（頁269）等，我們有理由認爲，在橫渠那裏，太虛顯然是無限的，那麼氣當然也是無限的。因此我們可以下結論說，從空間維度著眼，太虛與氣就存在區域而言沒有分別。

3. 綜合前二者，從宇宙發生學的角度講，從時間與空間角度太虛與氣都沒有分別；而「體用殊絕」的批評表明，橫渠似乎認爲，太虛與氣的關係，可從體與用的角度來加以理解。也就是說，在橫渠那裏，太虛與氣之間存在「體用」關係，或者說，在某種程度上，太虛可說是體，氣可說是用。而如果將虛與氣之體用關係理解成時空上之先後、即在時間和空間上割裂太虛與氣，這在橫渠看來，即是「體用殊絕」。

有學者認爲，如果把「生」理解成爲妙運、妙應、實現、「使然者然」、引發、滋生等義，則「何以不可言『虛能生氣』耶」？〔註9〕當然，這種「虛能生氣」說所著眼的，與橫渠此處從批評老氏「有生於無」理論出發提出太虛不能生氣，不是一個層面的問題，這一說法可否成立當另外隨文說明；不過很明顯，如果承認「虛能生氣」，則最起碼是無視橫渠在宇宙論基礎上對太虛與氣關係的解說，這種說法很容易造成解釋上的混亂。

〔註9〕牟宗三：《心體與性體》（上），頁394～395，上海古籍出版社，1999年版。

同樣的，橫渠對佛學「以山河大地爲見病」之說的批評，也可以區分爲幾個層次。第一，對「萬象爲太虛中所見之物」的批評。這裏的「見」，乃是「幻現」之「現」〔註10〕。萬象既然不是虛空中所幻現出來的東西，則太虛跟萬象之間，就不是眞實與虛幻、現象與本質的對待關係。第二，對「物與虛不相資」的批評。橫渠顯然認爲，物與虛是「相資」的關係，即互相憑藉、互相依靠的關係。當然，即便太虛與萬象是眞實與虛幻、現象與本質的關係，這從某種意義上講也具有「相資」的意義，橫渠所說的「相資」，當然不是這種意義上的，所以，橫渠所謂「相資」究竟指的是什麼，依然需要再進行探討。第三，對「形性、天人不相待而有」的批評。從這個角度，我們可以理解，橫渠所謂太虛與萬物的「相資」關係，類似於性與形、天與人之間的「相待而有」。至於性形、天人的「相待而有」關係究竟是怎麼回事，我們下面再做探討。

需要指出，「太虛」一詞本身有多種含義，在不同語境中意義各不相同。例如橫渠云：

> 故雲物班布太虛者，陰爲風驅，斂聚而未散者也。（頁12）

這裏的「雲物班布太虛」，意思是指天空布滿雲霧，所以「太虛」在這裏指天空。我們知道，「太虛」，或簡稱「虛」，作爲中國哲學史上一個重要的概念，在先秦已經出現，如《莊子・知北遊》「遊乎太虛」，其意本指空無一物的虛廓，《廣雅・釋詁》所謂「虛，空也」〔註11〕。因此「太虛」從一開始就有虛空、即廣闊的宇宙空間的意思。橫渠對太虛有自己獨特的界說，但是從「雲物班布太虛」一語中，橫渠沒有諱言「太虛」的空間意義，這也是繼承了歷史上對「太虛」一詞的用法。但是橫渠指出虛氣是形性、天人之相資關係，則可知在橫渠那裏，太虛並不僅僅是局限在空間意義上，即不能只把太虛理解爲抽象的、絕對的空間。

此外，在橫渠看來，佛學的理論屬於是「直語太虛」：

> 彼欲直語太虛，不以晝夜、陰陽累其心，則是未始見易，未始見易，則雖欲免陰陽、晝夜之累，末由也已。易且不見，又烏能更語眞際！

〔註10〕王船山即認爲，此處之「見」當反切爲「賢遍反」。參見氏著：《張子正蒙注》頁10，中華書局1975年版。即是說，此處見當讀做 xian，四聲，即是幻現之「現」。

〔註11〕參見張岱年：《中國古典哲學概念範疇要論》，頁59～61，中國社會科學出版社，1987年版。

　　捨眞際而談鬼神，妄也。所謂實際，彼徒能語之而已，未始心解也。
　　（頁65）
案在佛學裏面，「眞際」指眞實的邊際，即至極之義，爲空平等之眞性，如《仁王經》曰：「以諸法性即眞實故，無來無去無生無滅，同眞際等法性。」《維摩經‧阿閦品》曰：「非有相非無相，同眞際等法性。」「實際」，則指眞如法性爲諸際之極，或極眞如之實理，以至於其窮極，如《金光明最勝王經》謂「實際之性」，《大智度論‧三十二》曰：「實際者以法性爲實證，故爲際」。不過在橫渠的那裏，他所理解的「眞際」與「實際」，並非完全合乎佛學本意，其所謂「眞際」與「實際」，類似於近人馮友蘭所謂本然的存在與事實的存在。〔註12〕佛學直接就眞如法性處開示衆生，而以現實生活爲幻相，這在橫渠看來就是「萬象爲太虛中所見之物」；佛學教導人應該識破現象之幻而體空平等之眞性，這在橫渠看來就是「直語太虛」，即企圖脫離萬象而直接抓住所謂的「眞際」。「直語太虛」脫離了萬象，故其「眞際」就是完全的「空」；其以萬象爲幻，則是視晝夜、陰陽爲無，故而是「未始見易」。橫渠認爲，既然是「未始見易」，則其所謂「眞際」，自然是有問題的；由此出發而談論「實際」，也只能是「語之而已，未始心解」。
　　在橫渠對佛老二氏的批評中涉及到的兩個問題，即太虛與氣的關係問題，以及太虛與萬象的關係問題，實際上是一個問題。因爲在橫渠那裏，萬象只不過是氣之聚散的結果。

二、氣之聚散與冰水之喻

　　在對佛道的批評中，橫渠提到：
　　　彼語寂滅者往而不反，徇生執有者物而不化，二者雖有間矣，以言乎失道則均焉。（頁7）
「彼語寂滅者」，說的是佛學涅槃理論，「徇生執有者」，指的是老氏肉體長生學說。佛教涅槃理論認爲，無明風動，因緣和合，從而陷入生死輪迴之苦，若能洞見萬象皆幻，本無自性，則能斷除煩惱，具備一切功德，從而超脫生

〔註12〕參見馮友蘭：《新理學》，《貞元六書》頁11，華東師範大學出版社，1996年版。橫渠對佛老的批評，是基於他自己多年泛濫佛老之經歷的理解，其所針對的佛老，未必完全合乎佛學與老學本身的理論。此點牟宗三有過明確的說法，參見氏著：《心體與性體》（上），頁393～398。此處「眞際」、「實際」之分別亦爲一例證。

死輪迴，入於「不生不滅」境地。道教長生學說認爲，生命是最重要的，故人應該全眞葆生，通過煉食丹藥等方法羽化成仙，從而長生不死。橫渠以爲，這二種理論表現形式雖有差別，但都是「失道」，即對「道」沒有體認。

在橫渠那裏，「道者行也，所行即是道」（頁71），所行指的是氣之所行，所謂「由氣化，有道之名」（頁9），氣化就是氣之聚散：

> 太虛不能無氣，氣不能不聚而爲萬物，萬物不能不散而爲太虛。循是出入，是皆不得已而然也。（頁7）

氣之聚散理論是橫渠用來解釋現實世界中的萬事萬物不斷產生和消亡的根本理論。氣聚而成有形的事物，組成有形事物的氣發散而事物失去其獨特的存在，現實世界事物就處於不斷的氣聚氣散的過程中。氣之聚散，是永遠如此，循環往復的。由此，在橫渠看來，佛學涅槃理論看到了氣散而入太虛的過程，但忽略或貶低氣復聚而爲萬物的過程，所以是「往而不反」；老氏肉體長生學說則執著於氣凝聚而成的物體，希圖能將之永遠保存下去，是根本沒有注意到氣聚氣散的過程，故而是「物而不化」，橫渠以此下結論說：「以言乎失道則均焉」。

在描述氣之聚散的理論中，橫渠用了一個比喻來形容太虛與氣的關係：

> 氣之聚散於太虛，猶冰凝釋於水，知太虛即氣，則無無。（頁8）

《荀子·勸學》云：「冰，水爲之，而寒於水。」先秦時期，人們已經知道冰乃是由水凝結而成，而並非別有一物；至《淮南子》，則有「水向多則凝而爲冰，冰迎春則泮而爲水，冰水移易於前後，若周員而趨」（《淮南子·俶眞訓》）的說法。故兩漢已然多以冰水取喻。如王充認爲：「人之生，其猶冰也，水凝而爲冰，氣積而爲人；冰極一冬而釋，人竟百歲而死。」〔註13〕而張衡《骷髏賦》則云：「死爲休息，生爲役勞。冬水之凝，何如春水之消；榮位在身，不以輕於塵毛。」〔註14〕以冰比喻人之生，以水比喻人之死，認爲「冬水之凝，何如春水之消」，表達了一種達觀的生死觀。

兩漢時期使用冰水之喻，突出了冰之短暫和水之長久，其旨在說明既然冰必將融化爲水，則人之死爲自然，應該達觀的對待。人既然不能不死，則道教所謂長生之術就值得懷疑，所以王充據此認爲，學習道教長生不死之術的人，必然不能成功。〔註15〕

〔註13〕 《論衡·道虛》。

〔註14〕 《全後漢文》卷54，見嚴可均（輯）：《全上古三代秦漢三國六朝文》，中華書局，1958年版。

〔註15〕 《論衡·道虛》：「人可令不死，冰可令不釋乎？諸學仙術，爲不死之方，其必不能成，猶不能使冰終不釋也。」

　　佛教傳入中土之後，冰水之喻成了佛學中比較常用的比喻之一。《首愣嚴經》曰：「終始相成，生滅相續，生死死生，生生死死，如旋火輪，未有休息。阿難，如水成冰，如冰成水。」〔註16〕這一比喻與王充等人有相近之處。不過與王充等人僅僅注意冰融化成水這一事實不同的是，《首愣嚴經》更突出了水凝結成冰，冰融化成水，水又凝結成冰這樣一個永恒的循環過程；在佛教看來，一切有情，從生到死，由死復投胎轉生，在天、人、阿修羅、地獄、惡鬼、牲畜六道之間永恒輪迴，就是有如水凝成冰、冰釋成水的一個永恒循環。在這裏，冰水之喻成了佛學表達其三世輪迴理論的極好比喻。

　　佛學裏面的冰水之喻還有其他方面的含義。冰既然是由水凝結而成，而終將消融成水，則冰爲非常態，水爲常態，或者說冰是暫時的，而水爲長久的。由此，僧肇謂：「眞冰釋水，妄水結冰」，以冰爲虛妄不實，以水爲眞實不虛，取譬於佛教中的眞法與妄法——妄法隨無明之染緣而生起，故爲不實；眞法隨戒、定、慧三學之淨緣而生起，是爲眞實。由此，惠可認爲：「冰生於水而冰遏水，冰泮而水通，妄生於眞而妄迷眞，妄盡而眞見。」〔註17〕

　　冰水雖然有眞妄之別，但是它們之間本質一樣，這種本質，即是所謂「濕性」〔註18〕，水凝結成冰，「濕性」不改；冰融化成水，「濕性」不壞。故冰不離水，水不離冰，冰即是水，水即是冰。因此，冰水之喻經常用來表現即眞即俗、即煩惱即菩提、即凡夫即佛、不一不異的佛學理論。例如《淨名經》云：「無明即是明。當知不離無明而有於明，如冰是水，如水是冰。」〔註19〕這裏即是把無明比作冰，把明比作水，冰是水，故無明即是明。隋天台智顗說：「隨盡煩惱有殊，而性常無異，其猶冰水故云如也」，〔註20〕這裏是將煩惱比作冰，而菩提性比作水，煩惱即是菩提，故二者本無差別。又如唐宗密云：

　　　　識冰池而全水，藉陽氣而融消，悟凡夫而即眞，資法力而修習。冰
　　　　消則水流潤，方呈漑滌之功。妄盡則心靈通，始發通光之應。修心
　　　　之外，無別行門。〔註21〕

〔註16〕引自長水子璿：《首楞嚴義疏注經》，卷第三。

〔註17〕北齊惠可語，載淨覺：《愣伽師資記》，第三篇。

〔註18〕智旭：《大乘起信論裂網疏》卷第一：「起惑造業，而信心之性，未曾稍減。如水成冰，濕性不改。」

〔註19〕引自智顗：《妙法蓮華經玄義》，卷第五（下）。

〔註20〕《仁王護國般若經疏》卷第三。

〔註21〕《五燈會元》卷二。

意思是說，如同冰就是水，凡夫就是佛；冰要假陽光來融化成水，凡夫則需要佛法來熏修，冰融爲水，即可流通、灌漑、洗滌，凡夫經過用功、修法，將妄習消盡，也能現神通，起妙用。

在以往的冰水之喻中，冰和水是比喻的本體，而生死、眞妄、煩惱菩提等則是比喻的喻體，從本體的冰形態的暫時性、水形態的長久性出發，突出喻體中某一方爲暫時的，另一方爲持久的；從本體的冰是非常態、水是常態出發，強調喻體中一方與另一方存在本質與現象的區分。如果按照這種理解，則橫渠「氣之聚散於太虛，猶冰凝釋於水」這個比喻中，冰、水爲比喻的本體，氣、太虛爲比喻的喻體。氣對應於冰，太虛對應於水；冰是非常態，水是常態，因而非常態的氣必將返歸常態的太虛。

有學者提出，如果把太虛理解爲氣，則「氣之聚散於太虛」就無法解釋。〔註22〕這一思路似乎認爲，從「於」這個字眼來看，顯現出太虛與氣之間有存在區域大小之別。正如水的存在區域要比冰更爲廣大，而水爲冰提供了凝釋的空間一樣，太虛似乎也爲氣提供了一個聚散的場所；換句話說，太虛就不僅僅是氣，從根本上說，既然太虛比氣的存在區域更爲廣大，則太虛應該是「涵氣爲有」〔註23〕。這個觀點有待商榷。因爲，如果太虛眞的是「涵氣爲有」，則豈不是意味著，氣之存在有限而太虛之存在無限？這不就成了「虛無窮，氣有限」？既然太虛「涵氣爲有」，則氣和太虛又是部分與整體的區別，氣在太虛中聚散，豈不是又成了「萬象爲太虛中所見之物」？如此一來，橫渠就跟他所批評的佛老二氏之間，又有什麼分別？

太虛「涵氣爲有」的解釋，顯然是太注重虛氣的冰水之喻中的某些措詞。這種後果，我們可以歸結爲凡是比喻都有缺陷造成的結果，或者按照有些學者的看法，這都是屬於橫渠苦心極力的造道過程中必然出現的所謂「滯詞」〔註24〕；這也充分說明，對橫渠的冰水比喻，做簡單化的理解將有害無益。

如果著眼於整體，則在這裏比喻中，我們看到存在兩個過程：第一，是氣「聚散」於太虛的過程，第二，是冰「凝釋」於水的過程。因此，這個比喻更恰當的類比，應當存在於這兩個過程之間；或者說橫渠提出冰水之喻的

〔註22〕參見湯勤福：《太虛非氣：張載「太虛」與「氣」之關係新說》，《南開學報》，2000 年第 3 期。
〔註23〕參見湯勤福：《太虛非氣：張載「太虛」與「氣」之關係新說》。
〔註24〕牟宗三：《心體與性體》（上），頁 365～366。

基本著眼點，是這兩個過程之間的相似性。從字面的意思來理解，「聚」對應的是「凝」，「散」對應的是「釋」。聚散與凝釋，這裏橫渠顯然看到了這兩個過程中發生形態的相似性，或者說表現形式的一致性。從凝釋的過程來講，空間大小、存在形態都不是需要關注的，需要關注的是冰在「凝釋」成水的過程中，始終有一種一致和延綿。因此，當橫渠以冰之凝釋來比喻氣之聚散，他所注意的，應該是在氣的聚散過程中同樣存在一種一致和延綿。我們可以理解，橫渠通過日常經驗必然知曉冰水同為一種東西，所以，正是有這種延綿和一致作為原因，才使得冰在「凝」和「釋」成水的過程中沒有發生根本性質改變的後果。

故而，冰水凝釋過程中的冰水同質始終是橫渠這個比喻的原始基點，而冰「凝釋」過程中所具有的一致性和延綿性，也正是來源於這個基點。當橫渠說「氣之聚散於太虛，猶冰凝釋於水」的時候，他並沒有在存在空間上給太虛與氣做出有限與無限的劃分。

橫渠以「冰凝釋於水」比喻「氣之聚散於太虛」，從理論淵源上來說，自然有取於前人包括佛學與東漢王充等人在內的用法。王充氣積聚而成人，有如水凝而為冰，冰融化成水，氣散而人死的觀點，應該是橫渠「氣聚則離明得施而有形，氣不聚則離明不得施而無形」、天地萬物都是由氣聚氣散理論的來源；而王充對道教肉體長生理論的質疑，同樣為橫渠「徇生執有者物而不化」的批評提供了理論基礎。而佛學以濕性不壞來的冰水之喻來說明真妄不二，這與橫渠的太虛與氣的分殊也有相近之處。不過在橫渠那裏，太虛與氣，它們之間沒有真妄之別，更不沒有破妄顯真的必要，因為「太虛無形，氣之本體」。

三、太虛無形，氣之本體

冰水之喻，說明了在氣聚而為物、氣散而為太虛的兩個過程中，始終保持著同質性。從橫渠對佛道的批評中我們已然知曉，太虛與氣不是相生的關係，太虛與氣也不存在無限與有限、整體與部分的區別，因此，在氣之聚散過程中保持的這種同質性，只能是同一實體在不同表現形式之中保持著自身同一，故而從根本上說，就宇宙的基本構成而言，毫無疑問，只有「氣」這一個實體。

橫渠云：

太虛無形，氣之本體，其聚其散，變化之客形爾。（頁7）

太虛是無形的,它是氣的「本體」。在中國哲學的傳統中,「本體」有其獨特的含義,我們對此略做分析。

作為合成詞的「本體」,來源由「本」和「體」這兩個單字。「本」可指草木的根、幹,如《詩經・大雅・蕩》:「枝葉未有害,本實先撥」,轉而有事物的根本的意思,如《論語・學而篇》有若說「君子務本,本立而道生」。「體」既可表示人與事物的全體(《莊子・秋水》:「此其比萬物也,不似毫末之在馬體乎?」),又可以表示全體的一部分(《孟子・公孫丑上》:「子夏、子游、子張皆有聖人之一體」),「體」通常還有事物的法式、規矩的意思〔註25〕。

從起源上看,「本」近於無形,「體」近於有形。從此二概念發展而來的「本體」概念,介乎形與不形之間,既具有不離物象的特點,又具有超越物象的可能。目前所瞭解到的關於「本體」用法的最早記載,出現於西漢大儒京房的《京氏易傳》,〔註26〕至三國兩晉南北朝漸始流行。如三國時期姚信曰「三五交易,去其本體」,〔註27〕西晉司馬彪曰「性,人之本體也」〔註28〕。「本體」的最早含義,既可指事物本有的體狀(如「歷陽縣有石山臨水,高百丈,其三十丈所,有七穿駢羅,穿中色黃赤,不與本體相似,俗相傳謂之石印」〔註29〕,這個「本體」指的是石山以及其色澤外貌);又可指事物應有的風貌(如「至於書朝廷起動之跡,言國家得失之事,此為史之本體,未為多違。」〔註30〕此處所謂「史之本體」,即指史書所應具備的體例)。

隋唐時期,本體一詞已經有進一步的應用,「本體」概念開始在佛經中出現並漸成流行。如法藏云「謂真如本體亦是可遣之法」〔註31〕,這裏的「本體」也就是真如的同義語;又如《大日經》記載:「一身與二身,乃至無量身;同入於本體,流出亦如是」的說法,這裏所謂的「本體」,是指相對於應身而

〔註25〕 《管子・君臣上》:「君明,相信,五官肅,士廉,農愚,商工願,則上下體。」
尹知章注曰:「上下各得其體也。」
〔註26〕 參見強昱著《本體考原》一文,見《中國哲學與易學》頁284,北京大學,2004年4月版。
〔註27〕 參見唐李鼎祚《周易集解》釋《旅》卦。
〔註28〕 司馬彪此條見唐陸德明《經典釋文》引:「司馬云:『性,人之本體也。駢拇、枝指、附贅、縣疣,此四者各出於形性,而非形性之正,於眾人為侈耳。』」轉引自清郭慶藩《莊子集釋》頁312,中華書局,1961年。
〔註29〕 虞溥《江表傳》,見《三國志・吳書・孫皓傳》注。
〔註30〕 《北史・高允傳》。
〔註31〕 法藏《大乘起信論義記》卷中本。

說的眞身，也就是諸法的根本自性。佛學化的將「本體」概念等同於眞如的用法，說明「本體」去掉了它單純表物與表象的特點，具有現象之後的某種普遍本質的意味，從而具有抽象的、根本的、超越的意義。

但是，「本體」的這種抽象的、根本的、超越的意義，卻並非如西方哲學中所謂獨立的實存（柏拉圖的「理念」或康德的「物自體」），它是即現象而有，不能離開現象，這一意義在禪宗裏面表現的尤其明顯。黃檗希運禪師謂「直下無心本體自現」〔註32〕，九峰道虔禪師謂「本體不離」〔註33〕，大珠慧海和尙謂「從本體起跡用，從跡用歸本體，體用不二，本跡非殊」〔註34〕，這裏所謂「本體」，都是「心之本體」，這個所謂「本體」並非實體含義，而是指心的無起滅等性質，也就是禪宗經常說的心的本然狀態——「本心」。禪宗作爲「教外別傳、不立文字、直指人心、見性成佛」的最典型的中國化佛教宗派，倡言「前念迷即凡，後念悟即佛」、「即煩惱即菩提」；它要大衆「識自家本來面目」的進路，就是要在不離現實之際徹見心之「本體」。

從冰水之喻中我們已經瞭解到，太虛與氣是同質性關係，而橫渠提出「太虛無形，氣之本體」的說法，同樣說明太虛並非異質於氣的存在。其所謂「本體」，乃是指太虛爲氣之本然的存在狀態，而並非指太虛作爲氣背後的超越性實體賦予氣以存在根據，這種「本體」用法，正是中國傳統哲學中本體概念的獨特之處。

所謂太虛爲「氣之本然的存在狀態」，同時就隱藏著氣同時還具有「非本然的存在狀態」的意思，就存在狀態的表現形式而言，氣之「本然存在狀態」

〔註32〕《景德傳燈錄・卷九・附黃檗希運禪師傳心法要（河東裴休集）》：「世人不悟只認見聞覺知爲心。爲見聞覺知所覆。所以不睹精明本體。但直下無心本體自現。」

〔註33〕《景德傳燈錄・卷十六・九峰道虔》：問承古有言眞心妄心如何。師曰：「是立眞顯妄。」曰：「如何是眞心？」師曰：「不雜食。」曰：「如何是妄心？」師曰：「攀緣起倒是」曰：「離此二途，如何是學人本體？」（接上頁注）師曰：「本體不離。」又見《五燈會元・卷六・九峰道虔禪師》：問：「古人道：『因眞立妄，從妄顯眞。』是否？」師曰：「是。」曰：「如何是眞心？」師曰：「不雜食是。」曰：「如何是妄心？」師曰：「攀緣起倒是。」曰：「離此二途，如何是本體？」師曰：「本體不離。」曰：「爲甚麼不離？」師曰：「不敬功德天，誰嫌黑暗女。」

〔註34〕《景德傳燈錄・卷第二十八・越州大珠慧海和尚》：「淨者本體也，名者跡用也；從本體起跡用，從跡用歸本體，體用不二本跡非殊，所以古人道：『本跡雖殊，不思議一也。』」

與氣之「非本然存在狀態之間」自然存在區別。這種區別，在橫渠的某些表述裏面是相當清晰的。

首先，氣之「本然存在狀態」與「非本然存在狀態」的區分，是氣之有形與無形的區分。氣的本然存在狀態是無形，而氣之非本然存在狀態則是有形。有形與無形，是氣聚與氣不聚所造成的，橫渠認爲，這可以通過「離明」而知曉：

> 氣聚則離明得施而有形，氣不聚則離明不得施而無形。方其聚也，
> 安得不謂之客？方其散也，安得遽謂之無？（頁8）

「離明」，語出《說卦》「離也者，明也，萬物皆相見，南方之卦也。」朱子認爲，橫渠所謂「離明」應該作人之眼睛解釋〔註35〕。當氣聚而爲物體，則呈現出形色，人們通過自己的眼睛可以看到，故而把它們叫做「有」；當凝聚成物的氣消散之後，原來有形有色之物消失，人們的眼睛看不到，離明不得施，是以將這種看不見的狀態稱做「無」，在通常理解裏，「無」是絕對的空無一物，這種理解自然是錯誤的。在橫渠看來，「有」、「無」之意既然只是針對具體事物之有形與無形而言，則《易經》中正確的說法就應該是「知幽明之故」：

> 天文地理，皆因明而知之，非明則皆幽也，此所以「知幽明之故」，
> 萬物相見乎離，非離不相見也，乃是天之至處。（頁182）

「有」乃是氣聚成形接於目而人知之，又可謂「明」；「無」則是氣不成形目無所見而人不知，又可謂「幽」，幽明、有無並非絕對的存在與不存在之間的分別，它們只是氣顯隱聚散的不同存在狀態而已，此中道理，橫渠認爲，也就是《繫辭傳》所謂的「知幽明之故」。是以橫渠斷言：

> 大易不言有無，言有無，諸子之陋也。（頁48）

「有」與「明」既然是氣蒸鬱凝結而成的具體可見事物，那麼這些事物作爲一氣流行之大化過程中暫時的現象，必將如冰融化成水一樣復散而爲氣，從

〔註35〕《朱子語類》卷九十九。問：「『氣聚則離明得施而有形，氣不聚則離明不得施而無形。』離明，何謂也？」曰：「此說似難曉。有作日光說，有作目說。看來只是氣聚則目得而見，不聚則不得而見，易所謂『離爲目』是也。」先生因舉「方其形也，有以知幽之因；方其不形也，有以知明之故」，「合當言『其形也，有以知明之故；其不形也，有以知幽之因』方是。卻反說，何也？蓋以形之時，此幽之因已在此；不形之際，其明之故已在此。聚者散之因，散者聚之故。」

而失去其獨特的形狀和其他特徵；正因爲它們是暫時的，故只能是氣的非本然的存在狀態，橫渠以此稱呼爲「客形」。氣散而客形消失成爲無形的太虛，作爲氣的無形存在狀態，太虛乃是有形之所從來，而又爲有形之所當歸，作爲一氣流行過程中的終始，因而是氣的本然存在狀態。

其次，氣之「客感」與氣之無感，這是橫渠對氣之「本然存在狀態」與「非本然存在狀態」的又一簡別：

　　至靜無感，性之淵源，有識有知，物交之客感爾。（頁7）

「二端故有感」，所謂二端，即是氣的陰陽兩種屬性。橫渠認爲，「其陰陽兩端循環不已者，立天地之大義」（頁9），氣之陰陽兩種屬性總在相摩相蕩，這就是「感」，由氣之陰陽交感而有萬物化生。化生之萬物中，同樣有陰陽之交感。橫渠認爲，這種交感，是萬物所必然具備的，從這方面說，這就是物之「性」，是以橫渠云：「物所不能無感者謂之性」。在橫渠看來，氣之本然的存在狀態中，則是「至靜無感」，橫渠認爲這是陰陽相感的「物性」之所從來，可謂「性之淵源」。

橫渠認爲太虛之中「至靜無感」，這是他在《語錄》裏「言虛者未論陰陽之道」說法的進一步提煉。所謂「未論陰陽之道」，可有兩種可能。第一種可能是太虛之中並不具備陰陽二種屬性，只是純粹的、自身同一的、不包括兩端在內的「一」。第二種可能則是太虛不表現爲陰陽二氣的交感摩蕩，然而有陰陽之二種屬性，這二種屬性是陰陽二氣交感摩蕩的根源。橫渠所謂的「至靜無感」，究竟是哪種意義上的呢？

在《語錄》中，橫渠提到：

　　靜者善之本，虛者靜之本。靜猶對動，虛則至一。（頁325）

「善」來源於「靜」，而「靜」又來源於「虛」，而虛則是「至一」。「靜」可對應於「動」，即有動方有靜，二者相對待而有；虛之「至一」，則意味著根本沒有與之對待的東西。考慮到橫渠後來也有「虛實」並舉的用法（「兩體者，虛實也，動靜也，聚散也，清濁也」），因此他所謂的「至一」之「虛」，即是指「太虛」。

所謂無對待的「至一」之「虛」，卻又不是空無一物，因爲「一」需由「二」組成，都具有「兩體」：

　　兩不立則一不可見，一不可見則兩之用息。兩體者，虛實也，動靜
　　也，聚散也，清濁也，其究一而已。（頁9）

既然「不有兩則無一」，則不包括兩端在內的「太虛」，在橫渠這裏顯然是不可能存在的；由此可見，太虛顯然具有氣之陰陽二種屬性。故而，「言虛者未論陰陽之道」，即是言太虛之中，陰陽未有交感，故而爲「至靜」。

當然這裏不是沒有問題。既然氣有陰陽二端，而「二端故有感」，那麼氣怎麼會有一個「無感」的本然狀態？這一點我們留待後面解決。

再次，氣之「本然存在狀態」與「非本然存在狀態」的區分，是「清通無礙」與「濁形壅礙」之間的區別：

太虛爲清，清則無礙，無礙故神；反清爲濁，濁則礙，礙則形。（頁9）

凡氣清則通，昏則壅，清極則神。故聚而有間則風行，風行則聲聞具達，清之驗與！不行而至，通之極與！（同上）

橫渠認爲，氣之流行，必須通達無礙，方可聚散自如。作爲氣之本然的存在狀態，太虛自然必須爲「清」，從而能通達無礙，無形而不可象；相反，作爲氣之非本然的存在狀態，由氣凝聚而成的物體，則是處於混濁而壅塞的狀態，這樣就顯現出一定的形狀出來。可以看到，這個區別，是氣之有形與無形區別的進一步深化。

我們可以看到，關於氣之本然狀態與氣之非本然狀態的區分，實際上就是「太虛」與「天地法象」之間的區分；由於天地法象不過是氣之流行發用的表現，而氣之太虛狀態則是一氣流行過程的起點與終點，因此，從某種意義上講，橫渠是有意識地在氣之流行過程中區分出了「本體」與「作用」——即是說，橫渠的氣之「太虛」狀態，重在凸顯氣之清通無感等本質，以其作爲氣流行過程的終始，故而可謂之「體」；而就氣聚氣散、萬物形色從無（無形）到有（有形），由有（有形）而無（無形）之實際流行過程，則可謂氣之「作用」。橫渠批評老氏「有生於無」自然之論爲「體用殊絕」，既是針對「虛能生氣」說分「體」（「虛」）「用」（氣）爲兩種不同事物而言，更在於它把虛氣之間的差別絕對化了（「殊絕」）。

需要指出，在橫渠的相關表述中，其「氣」概念多偏重於聚散而言：

天地之氣，雖聚散、攻取百塗，然其爲理也順而不妄。（頁7）

氣聚則離明得施而有形，氣不聚則離明不得施而無形。（頁8）

氣之聚散於太虛，猶冰凝釋於水。（同上）

可見，橫渠經常使用的「氣」之一概念，著重表現了氣之「作用」。因此，我們或許可以勉強做出如下分殊：氣作爲一個惟一的實體，而有不同的表述——「太虛」概念是重在描述氣的本然狀態即「體」，而「氣」概念重在描述氣之流行即「用」。如果有所謂「最高實有」，則氣爲「最高實有」，氣有「體」有「用」，「體」爲太虛而「用」爲流行。如果要強行給橫渠的氣概念進行一個廣義與狹義的區分，則最高實有的「氣」概念自然是廣義範圍的，用以表現氣之流行的「氣」概念則是狹義範圍的。從此著眼，則太虛與氣（流行、狹義範圍）「是最高實有之兩義，而非在氣之外更立一太虛」。〔註36〕當橫渠說「太虛者，氣之體」的時候，一方面表示太虛是最高實有之氣的本然存在狀態，另外一方面則表示這種存在狀態相對於流行之氣、即「用」而言，屬於「體」。當橫渠說「太虛不能無氣」、「氣块然太虛」的時候，一方面表明太虛是氣（最高實有），另一方面也表明具有太虛之體的氣必然流行發育。

　　簡言之，存在一最高實有之「氣」，這裏的氣概念是廣義範圍的「氣」，其包括本然之太虛與大化之流行，橫渠通常在大化流行過程中氣聚而成現象界中的萬事萬物，（或者是橫渠說的「天地法象」，這種天地法象，是經由氣之「聚散攻取百塗」而有）以及萬事萬物散而爲復歸於氣的意義上使用「氣」一概念，則如果作爲「本然的存在狀態」的氣可稱之爲「太虛之氣」，則「非本然的存在狀態」的氣，我們或許可以給其一個名稱——「聚散之氣」，此「聚散之氣」，僅僅是從氣聚爲物、物散爲氣角度著眼的，是現象界中流行之氣，這就是狹義概念的氣。

　　由於「太虛不能無氣，氣不能不聚而爲萬物，萬物不能不散而爲太虛」，因此人們通常認爲，橫渠太虛、氣、萬物的關係是一個由太虛到氣再到萬物、萬物復歸於氣和太虛的循環過程。嚴格說來，這個表述是不太準確的。如果描述這一循環過程中的「氣」爲廣義範圍內的最高實有，則我們可以徑直說一氣流行化生萬物。如果描述這一循環過程中的「氣」爲狹義範圍內的聚散流行之氣，則橫渠以「太虛」指稱氣之本然的狀態，而以「氣」指稱現象界中流行之氣，故萬物形色只不過都是氣之流行的結果，它們實際上只不過是聚散之氣的具體表現而已。也就是說，從無感無形的太虛到客感客形的天地法象，都是一氣流行；如果太虛、氣、萬物的關係被認爲是一個由太虛到氣

〔註36〕勞思光：《新編中國哲學史》（3 上），頁 174，臺北三民書局，1990～1992 年版（民國 79～81 年）。

再到萬物、萬物復歸於氣和太虛的循環過程，極其容易給人以氣爲太虛與萬物之間的中間環節的印象。如果不特別說明此處之氣乃是狹義範圍的聚散之氣，則對橫渠「太虛不能無氣，氣不能不聚而爲萬物，萬物不能不散而爲太虛」一語進行的解釋，有可能導致否認太虛即氣、從而認同虛氣異質的結論。

有研究者提出，橫渠反覆強調太虛與氣的不可分割性，而這種不可分割性不能是一個事物的前後兩個階段，即時間序列上的不可分割，因爲這樣一來，就是將太虛理解爲氣的原初狀態，而把氣理解成爲當下狀態，從而陷入虛無大道生出一切的尷尬局面中；所以，「只有承認太虛，承認太虛爲『異質』關係」，這樣才有強調虛氣不可分割的必要。〔註37〕就太虛與氣的關係而言，它們的確不是一個事物的前後兩個階段，即是說，在時間序列上，太虛與氣沒有先後之別，如果認爲有這一分別，的確就會陷入橫渠自己所批判的佛道二氏的理論中去，我們在前面已經闡述了這一點；但是如果把橫渠強調虛氣不可分割作爲虛氣異質的理由，這個說法卻是頗爲奇怪。無論是老氏「有生與無」理論強調虛能生氣，還是釋氏幻化學說認爲萬象皆空、佛性爲實，它們都是以虛與氣的完全異質化作爲基礎的。即是說橫渠之強調太虛與氣的不可分割，恰恰是要批評佛老二氏的虛氣異質觀點；不是因爲只有承認虛氣異質關係才有強調虛氣不可分割的必要，而是只有強調虛氣不可分割，才能批評認虛氣爲異質關係的佛老二氏。上述觀點，顯然是把橫渠的思辯過程弄顛倒了。

此外，如果在氣之外強立一「太虛」，而名之以「太虛神體」，並由此批評以太虛即氣的所謂「唯氣論」，並以爲太虛爲妙運、氣以「太虛」而得以生生，從而承認「虛能生氣」的理論，〔註38〕則這正是不明白橫渠所謂「體用」，只不過是氣之「體用」；只見氣有聚散，而不知氣有廣義狹義之區分，而僅以爲氣即單指氣之流行、即聚散之氣，而不知氣能「一有無」：

> 氣能一有無，無則氣自然生，氣之生即是道是易。（頁207）

四、太虛即氣

橫渠在氣之本然狀態（太虛之氣）與氣之非本然狀態（天地法象）之間作出了簡別，由此而引發出了一系列關於狀態的描述：氣之本然狀態爲清，氣之非本然狀態爲濁；氣之本然狀態爲通達，氣之非本然狀態爲壅塞，氣之

〔註37〕丁爲祥：《虛氣相即——張載哲學體系及其定位》，頁63～64。
〔註38〕牟宗三：《心體與性體》（上），頁365～366。

本然狀態「至靜無感」，氣之非本然狀態「有識有知」，氣之本然狀態無形，氣之非本然狀態有形，等等。這些狀態描述中，無形與有形的區別是最為基本的，從而也成為橫渠對「形而上」與「形而下」進行簡別的主要依據：

> 「形而上者」是無形體者，故形以上者謂之道也；「形而下者」是有形體者，故形以下者謂之器。（頁 207）

上面這段話出自《橫渠易說》。案「形而上者謂之道，形而下者謂之器」出自《易·繫辭傳》，橫渠在解《易》過程中提出了自己的分殊。橫渠認為，「形而上」就是「形以上」，即無形無跡，這就是道；而「形而下」就是「形以下」，就是有形有跡，這就是器。

橫渠認為從氣之非本然狀態為「客感客形」，它們總是要復歸於「無感無形」的氣之本然狀態，故太虛與萬物法象之間，有長存性與暫時性的區分，就萬物法象必歸於太虛而言，橫渠是不是存在某種重道輕器，或者說重太虛而貶萬物的傾向？橫渠又說「萬物形色，神之糟粕」。這不就是說，在橫渠那裏，「太虛儼然是一個至高無上、清明無雜的絕對境界，萬物法象皆是氣凝聚下落的糟粕，污濁不堪，地位地下」？〔註39〕

實際上，橫渠哲學研究中在太虛與萬物法象之間的所作比較而導致的結論中，關於萬物法象是糟粕、因而相對於太虛來說「地位地下」的觀點，代表著一種被極其廣泛接受的對橫渠太虛和氣之間的區分，即某種類似於柏拉圖的理念世界和現象世界的區分。在柏拉圖的體系中，現象世界的影像和自然物都是可感事物，它們總是處在流動變化的過程之中，因此是相對的、不確定的、不完善的；而理念世界的理念作為可知事物，則永遠如此，不變、固定，它是本原。由此柏拉圖指出，對於現象世界的種種事物的認識，不是知識、真理，而只能是等而下之的意見；只有對理念世界的理念的認識，才能是知識和真理。這種區別意味著，作為不完善的現象世界，是人們應該走出的洞穴；而只有理念世界，才是人們應該真正進入的真實的世界。〔註40〕

我們認為，這個觀點有待分殊。必須承認，在橫渠本人那裏，他的某些表述的確給人以這種印象，例如「萬物形色，神之糟粕」，以及「太虛為清，清則無礙，無礙故神；反清為濁，濁則礙，礙則形」等等，暗示著物質世界不斷流變的萬物形色，即有著某種程度的「不完善」性。如果流變的事物是不完善

〔註39〕侯外廬主編：《宋明理學史》上，頁 97，人民出版社，1984 年版。
〔註40〕參見趙敦華：《西方哲學簡史》，頁 39～42，北京大學出版社，2001 年版。

的，則作爲完善的根本，自然應該是兼清濁虛實而言，是以明道提出了「清者爲神，則濁者非神？」的質疑，而朱子更由此出發，指責橫渠陷於一偏：

> 問：「橫渠『太虛』之說，本是說無極，卻只說得『無』字。」曰：「無極是該貫虛實清濁而言。『無極』字落在中間，『太虛』字落在一邊了，便是難說。聖人熟了說出，便恁地平正，而今把意思去形容他，卻有時偏了。明道說：『氣外無神，神外無氣。謂清者爲神，則濁者非神乎？』後來亦有人與橫渠說。橫渠卻云：『清者可以該濁，虛者可以該實。』卻不知『形而上者』還他是理，『形而下者』還他是器。既說是虛，便是與實對了；既說是清，便是與濁對了。如左丞相大得右丞相不多。」問曰：「無極且得做無形無象說？」曰：「雖無形，卻有理。」又問：「無極、太極，只是一物？」曰：「本是一物，被他恁地說，卻似兩物。」〔註41〕

二程、朱子對橫渠太虛之說的批評，是以太虛比之於他們的天理，故而在他們看來，太虛與氣的關係，就是理與氣的關係：

> 或謂許大太虛。先生謂：「此語便不是。這裏論甚大與小！」（二程《遺書》卷三）

> 又問：「橫渠云『太虛即氣』，乃是指理爲虛，似非形而下。」曰：「縱指理爲虛，亦如何夾氣作一處？」（《朱子語類》卷九十九）

以此，程朱以爲，太虛爲理，則必須兼清濁虛實，橫渠以太虛言清與虛，則是陷於一偏，對道體的把握則不完全；另外，儘管天地萬物有理有氣，但是理與氣畢竟不是一個東西，若要說形而上，則只有天理，故而朱子對橫渠「夾氣作一處」深爲不滿。二程、朱子對橫渠太虛的這種理氣二分式的理解，是造成後來各種虛氣二重化理解的濫觴。

　　但是，首先，橫渠關於萬物形色、神之糟粕的觀點，不能簡單地被利用來支持在太虛與氣之間進行判若鴻溝的劃分。因爲在橫渠那裏，天地法象的「不完善」性，同樣是不可或缺的。在橫渠對形而上與形而下進行劃分的時候，舉了兩個例子：

〔註41〕《朱子語類》卷九十九。程明道「氣外無神，神外無氣。謂清者爲神，則濁者非神乎？」的質疑，見《遺書》卷十一。原文爲「氣外無神，神外無氣。或者謂清者神，則濁者非神乎？」明道這裏所謂「或者」，毫無疑問是指橫渠而言。

　　無形跡者即道也，如大德敦化是也；有形跡者即器也，見於事實即
　　禮義是也。（頁 207）

從形而上與形而下、道與器的區別來看，橫渠並沒有表現出重「形而上」、輕「形而下」，即重「道」而輕「器」的態度。橫渠舉「大德敦化」與「見於事實即禮義」為例說明，足為明證。「大德敦化」出自《中庸》：「萬物並育而不相害，道並行而不相悖，小德川流，大德敦化，此天地之所以為大也。」鄭玄注：「小德川流，浸潤萌芽」，「大德敦化，厚生萬物」。「大德敦化」統而言之，就是天地之間萬物生生不已，這就是天地之大德。而禮義則為國家之常經，橫渠更以為，此是學者之進路（《正蒙・中正》：「學者捨禮義，則飽食終日，無所猷為，與下民一致，所事不踰衣食之間、燕遊之樂爾」），故「大德敦化」與「見於事實」之「禮義」，都是不可或缺的。

　　其次，按照朱子的說法，「清者可以該濁，虛者可以該實」，是橫渠應對二程的批評而提出的觀點。案《朱子語錄》卷九十九云：

　　問：「橫渠有清虛一大之說，又要兼清濁虛實。」曰：「渠初云清虛
　　一大，為伊川詰難，乃云：『清兼濁，虛兼實，一兼二，大兼小』。
　　渠本要說形而上，反成形而下，最是於此處不分明。」

朱子這裏發表的評論，從源頭上，來自於二程「立清虛一大為萬物之源，恐未安。須兼清濁虛實乃可言神，道體物不遺，不應有方所」（《遺書》卷二上）的批評。（此條按牟宗三先生說法，當為明道語）。依現有的資料看，在橫渠著作中可以找到「清」、「虛」、「一」、「大」的單獨表述，但是四者以一體而出現則於文獻無據；同樣，從文獻的角度來說，橫渠也沒有直接表述出「清兼濁，虛兼實，一兼二，大兼小」或者類似的話語。由此可見，朱子說橫渠的太虛作為「清」、「虛」、「一」、「大」，兼攝聚散之氣，只是朱子自己對橫渠思想的理解。〔註42〕

　　在橫渠看來，由陰陽之氣凝聚而成的物體，在形狀特性表現上會有各種差別。例如動物作為有呼吸的物體（「有息者」），它們以呼吸作為氣聚氣散的途徑，（「動物本諸天，以呼吸為聚散之漸」，頁 19）；而植物是沒有呼吸的物體（「不息者」），則它們氣聚氣散是隨天地間陰陽之氣的消息盈虛而完成（「植

〔註42〕朱伯崑也認為，朱子之觀點，即橫渠先提出清虛一大、後受二程影響而改為「一兼二」，不知根據何在。參見氏著：《易學哲學史》第二卷，頁 310。華夏出版社，1995 年版。

物本諸地，以陰陽升降爲聚散之漸」，頁 19）。動物可以四處走動，所以它們是「不滯於用」；植物則根植於地，所以是「滯於方」。但是不管它們有什麼差別，從總體而言，它們的性質總是表現爲或陰或陽，有方所或有形體，故而，總是偏於一邊，滯於一隅。但是《易傳》所謂「神無方而易無體」，則完全沒有方所和形體的限制。爲什麼會這樣？按照我們的理解，從大化流行之整體過程而言，氣是流而不窒，陰陽二端屈伸無方無所，無有止息，故能不偏，但是氣聚而成之物，則不過這一流行過程中的一個「片斷」，相對於整個過程的絕對運動而言，這一「片斷」是相對靜止；相對於整個過程之陰陽合德而言，這一片斷可能表現爲陽之清或陰之濁。正因爲有無數個這樣的「片斷」組成，方有大易，即氣的生生不已。

橫渠認爲：

> 體不偏滯，乃可謂無方無體。偏滯於晝夜陰陽者物也，若道則兼體
> 而無累也。（頁 66）

道是兼體而無累的，正是說從整體過程而言，氣之流行不偏不滯，而氣聚之物作爲過程中之某一「片斷」，才會偏滯於晝夜陰陽。橫渠在此使用了「兼體」一詞，按照牟宗三先生的理解，「兼體」之「兼」即「不偏滯」義，「體」則無實際意義，「兼體」即是能兼合各相而不偏滯於一隅之謂。〔註43〕我們以爲，兼體側重於不偏滯之義，這是符合橫渠本意的，然而要說此處之「體」無實義，則似可商榷。物之偏滯，在於或晝或夜或陰或陽，而道之無累，則爲即晝即夜即陰即陽，從此著眼，則兼體即是兼晝夜陰陽，故「體」可理解爲陰陽〔註44〕；亦可指各種兩相對待的性質，例如虛與實、動與靜、清與濁等等：

> 兩不立則一不可見，一不可見則兩之用息。兩體者，虛實也，動靜
> 也，聚散也，清濁也，其究一而已。（頁 9）

因此，「兼體」就是橫渠之「一物兩體」說：

> 一物兩體，氣也；一故神，（自注：兩在故不測。）兩故化，（自注：
> 推行於一。）此天之所以參也。（頁 10）

〔註43〕 牟宗三：《心體與性體》（上），頁 384。

〔註44〕 牟宗三認爲兼體之體無實際意義，這與他對「太虛者氣之體」的理解是密切相關的。在他看來，太虛爲氣之體，此體乃是本體之意，而非氣之本然狀態。「兼體」爲道，如果此處之「體」也解釋成本體，則屬於架屋上之屋，所以他只能認爲此處之體無實際意義。

感而後有通，不有兩則無一。故聖人以剛柔立本，乾坤毀則無以見
易。（同上）

虛實、動靜、聚散、清濁之「兩」，必推究而爲氣之「一」，可見，作爲兼體
無累的「一物」，橫渠指的應該是氣，這一點在上述表述中已經顯露無疑。從
我們上面對氣之本然與非本然的界定來說，虛、靜、氣散無形、清等都是氣
之本然的存在狀態，而實、動、氣聚有形、濁等都是氣之非本然的存在狀態，
則「一物兩體」說，可理解爲氣爲「一物」，而有太虛本性（體）與聚散流行
（用）之「兩體」。故朱子對橫渠思想的概括，即太虛作爲「清」、「虛」、「一」、
「大」，兼攝聚散之氣的「濁」、「實」、「二」、「小」，恐怕是不太準確的；如
果要說兼清濁虛實大小，則只能是太虛之氣，即兼太虛之體與流行發用的廣
義上的氣：

太虛之氣，陰陽一物也，然而有兩體，健順而已。亦不可謂天無意，
陽之意健，不爾何以發散和一？陰之性常順，然而地體重濁，不能
隨則不能順，少不順即有變矣。有變則有象，如乾健坤順，有此氣
則有此象可得而言；若無則直無而已，謂之何而可？是無可得名。（頁
231）

橫渠自己提出「太虛之氣」概念表明，在他那裏，氣既有清通本性（此謂「氣
本之虛則湛一無形」），又有流行發用（此謂「感而生則聚而有象」）。此「體」
此「用」，沒有宇宙發生學上的先後關係（橫渠以此批評老氏「虛能生氣」理
論）；就太虛之「至靜無感」爲物之「性之淵源」而言，則又是「體」不離「用」，
「用」外無「體」（橫渠以此批評佛學天地幻化學說）。

　　伊川曾就體用而提出「體用一源」的觀點：

至微者理也，至著者象也。體用一源，顯微無間。（《程氏易傳·序》）

至顯者莫如事，至微者莫如理，而事理一致，微顯一源。（《遺書》
卷二十五）

在伊川那裏，「理」爲「體」，「事」（「象」）爲「用」，體不離用，用不離體。
就「體不離用，用不離體」而言，這與橫渠之體用關係頗有相近的地方。但
是，正因爲伊川認「理」爲「體」，以「事」（「象」）爲「用」，則其「體用一
源，顯微無間」，就是說理須在事上體現，然而理則是理，事則爲事。就理須
在事上體現，此則爲「不離」；就理不是事，事不可謂理而言，此則是「不雜」。
理事關係，即是體用不離不雜的關係。但是橫渠之體用皆一統於氣，其體不

過是「氣之體」，即氣之本然的太虛清通狀態，其用不過是「氣之用」，即之非本然的流行發用狀態，故其體用關係，固然可說是體用不離，卻沒有如理氣一樣的不雜關係。

由此，橫渠從氣該陰陽，陰陽相感而有萬物形色的角度提出了「太極」之「一」：

> 一物而兩體，其太極之謂與！陰陽天道，象之成也；剛柔地道，法之效也；仁義人道，性之立也。三才兩之，莫不有乾坤之道。（頁48）

> 有兩則有一，是太極也。若一則有兩，有兩亦一在，無兩亦一在。
> 然無兩則安用一？不以太極，空虛而已，非天參也。（頁233～234）

《易・繫辭傳》說：「易有太極，是生兩儀，兩儀生四象，四象生八卦，八卦定吉凶，吉凶生大業。」這是一個宇宙生生過程的具體描述，周敦頤由此而闡發出太極動靜而化生萬物的宇宙圖示。而橫渠之使用太極，卻並不是把太極作為宇宙始源。在橫渠那裏，太極乃是涵「兩體」的合二之「一」，實際上即是「陰陽一物，然而有兩體」之混然一氣。這一對太極的理解，顯然大異於程朱一脈的理解。朱子認為：

> 太極即所以動而陽靜而陰之本體也。然非有以離乎陰陽也。即陰陽
> 而指其本體不雜乎陰陽而為言也。（朱子《太極解義》）

朱子秉承周敦頤太極動靜的觀點，提出太極與陰陽不離不雜，即是說太極固然必體現於陰陽之中〔註45〕。此則是明確區分太極與陰陽，與橫渠太極即是合陰陽而言明顯不同。

歸根結底，氣涵體用，統攝清濁、虛實、動靜、形不形，宇宙間惟有一氣流行。在此流行之中，宇宙呈現為廣大和諧的整體，橫渠名之為「太和」：

> 太和所謂道，中涵浮沈、升降、動靜、相感之性，是生絪縕、相盪、勝負、屈伸之始。其來也幾微易簡，其究也廣大堅固。起知於易者乾乎！效法於簡者坤乎！散殊而可象為氣，清通而不可象為神。不如野馬、絪縕，不足謂之太和。語道者知此，謂之知道；學易者見此，謂之見易。不如是，雖周公才美，其智不足稱也已。（頁7）

〔註45〕朱子《太極圖說解》：「蓋合而言之，萬物統體一太極也；分而言之，一物各一太極也。」此即理一分殊之說。物物各具一太極，即是說太極全體墮於氣稟之物中。參見陳來：《朱子哲學研究》，頁115～117，華東師範大學出版社，2000年9月版。

《易‧乾文言》中由「乾道變化，各正性命」而至「保合太和」，體現了宇宙間萬物各得其所、呈現出廣大和諧的至和風貌。在橫渠這裏，太和作爲一種至極的和諧，既包括「其來也」即所謂「中涵浮沈、升降、動靜、相感之性」的先天和諧，又包括「其究也」即所謂「是生絪縕、相盪、勝負、屈伸之始」的後天和諧，這是囊括爲物不貳、生物不測在內的乾坤和諧之道。太和，是涵乾坤「兩體」在內、囊括氣之太虛本性與發用流行的混然之「一」。太極與太和，同樣不過是氣之「指事而異名爾」。

由此，太虛與氣，是對同一實體的兩種不同狀態的分別表述，這與程朱一派理氣之關係完全不同，對太虛與氣的二重化理解是沒有理由的。如果把「太虛即氣」的「即」理解成相即不離，而把太虛與氣的關係理解成「虛氣相即」，〔註46〕則這種理解正是沿襲了程朱以理氣解讀虛氣的二重化進路，在太虛與氣之間人爲劃出一條鴻溝，而從根本上否定了太虛與氣的同一性。

五、小結

用廣義與狹義的氣來區分橫渠之氣論，只是爲了完成對橫渠太虛與氣二概念的解析而不得已採取的辦法。實際上，在橫渠那裏，氣既具有太虛之清通本性，更表現爲發用流行。總體而言，具有清通本性的太虛之氣，它作爲氣之本然狀態落實到宇宙生化過程中，既是一氣流行的過程中的原始狀態，同時又是萬物最終要復歸的狀態。在這樣一個生生不已的大循環中，雖然有清通與濁礙的不同表現，但都不過是氣的流行在不同階段的表現而已。

但是橫渠在傳統氣論基礎上爲氣簡別出流行之「用」（氣之聚散）與清通無礙之「體」（太虛），卻又不是沒有理由。清通無礙的太虛，作爲氣的本然存在狀態，它與氣之流行過程中有形事物具有的暫存性不同，所謂「金鐵有時而腐，山嶽有時而摧，凡有形之物即易壞，惟太虛無動搖」（頁325），它是至實之虛，以其「不能無氣」，故而有無混一，不入佛教塵芥六合、幻化天地之說藩籬；流行聚散之氣，其性本虛，以其具清通無礙之虛，故是至虛之實，放之則彌六合，而不陷於老氏徇生執有之病。太虛即氣，是橫渠與佛屠老氏「較是非」、「計得失」的傑出理論創造。

太虛不能無氣，從而指出沒有絕對的「無」，宇宙乃是有無混一之常，橫

〔註46〕參見丁爲祥：《虛氣相即——張載哲學體系及其定位》，頁59～70。

渠這種對宇宙終極物質性的直觀理解，與近代物理學的研究結果有驚人的相似。物質與空虛的空間，充實與空虛，是牛頓和德謨克利特的原子論所依據的兩個根本不同的概念；但是在愛因斯坦廣義相對論中，這兩個概念不再能區分。近代物理學把我們對物質本質的看法帶到了一個新階段，它使我們的注意力從可見的粒子轉向潛在的實體，即場。物質的存在只不過是場的完美狀態在那個位置上的一處擾動，因此應當從潛在的場中去發現有序性和對稱性。潛在實體「場」的發現，表明真空實際上是一種「充滿著生氣的真空」：

> 真空實際上是一種「充滿著生氣的真空」，它在不斷產生和消滅的節奏中脈動著。許多物理學家認為，真空的動態特性的發現是近代物理學中最重要的發現之一。我們對真空的認識已經從現象的容器，轉變爲最重要的動力學量。〔註47〕

因此，美國物理學家 F・卡普拉認爲：

> 近代物理學的結果似乎是證實了中國的賢哲張載的話：「知太虛即氣，則無無。」〔註48〕

〔註47〕 《物理學之「道」——近代物理學與東方神秘主義》，頁 198～200，（美）卡普拉（Fritjof Capra）著，朱潤生譯，北京出版社，1999 年版。

〔註48〕 （美）卡普拉：《物理學之「道」——近代物理學與東方神秘主義》，頁 208～209。

第二章　神與化

　　氣之一物，而有太虛清通之體與聚散流行之用，那麼，氣是如何由「體」發「用」，再由「用」而歸「體」的？太虛之氣是「至靜無感」，而根據「二端故有感」的說法，如果太虛本身即具備氣之陰陽二種屬性，則陰陽二性必將摩盪相感，如此，從「至靜無感」到「感而生則聚而有象」，如何在一氣流行的過程中得到合理的解釋？再者，橫渠明言「散殊而可象爲氣，清通而不可象爲神」，這是否意味著橫渠在神與氣之間做了判然兩別的劃分、從而在氣之外另立了一個「神」體？這些問題我們希望在本章中得以解決。

　　橫渠《正蒙》一書中，「神」、「化」之說比比皆是，更有一章名《神化篇》，可見「神」「化」之說的重要性。道學傳統中，橫渠以善言「神」、「化」著稱，頗得後人稱許。朱子每每讚頌橫渠「說得極精」：

　　　　問「一故神」。曰：「橫渠説得極好，須當子細看。……此説得極精，
　　　　須當與他子細看。」（《朱子語類》卷九十八）

　　　　「一故神，兩故化」。……橫渠此説極精。（同上）

　　　　「神」「化」二字，雖程子説得亦不甚分明，惟是橫渠推出來。（同
　　　　上）

而明儒羅欽順亦謂：

　　　　張子云：「一故神，兩故化」……學者於此須認教體用分明。（《困知
　　　　記》卷上）

王船山則更加以發揮，認爲橫渠「神化」之說，是其「別於異端」且「與孟子相發明者」：

> 此篇備言神化，而歸其存神敦化之本於義，上達無窮而下學有實。
>
> 張子之學所以別於異端而爲學者之所宜守，蓋與孟子相發明焉。(《張
> 子正蒙注》卷二)

雖然橫渠備言「神」、「化」，但是「神」、「化」如何解釋，在現代研究者眼裏
有不同的看法。張岱年先生以神爲氣所固有，而承認神與氣在某種意義上的
對立〔註1〕；而牟宗三先生以爲神即太虛，超越於氣，故名之以「太虛神體」；
勞思光先生則以爲，神化歸根結底是屬於氣的，而神與化是天之體與用〔註
2〕。總體說來，神化問題和太虛與氣存在緊密聯繫，故有學者提出，張載的
天道觀是以「神化不二」爲中心概念。〔註3〕

在橫渠哲學裏面，「神」與「化」關係，是太虛與氣關係的進一步深化；
理清橫渠思想中「神」與「化」的關係，對於接下來探討橫渠大心體物、盡
性知命、民胞物與等思想具有重要的意義。從某種意義上來說，對神化關係
的解讀，是把握橫渠思想的關鍵所在。

一、鬼神之說〔註4〕

神化之說的第一個表現，是鬼神問題，因此我們先對橫渠的鬼神之說進
行梳理。

《宋史·道學傳》云：

> 其學尊禮貴德、樂天安命，以《易》爲宗，以《中庸》爲體，以《孔》、
> 《孟》爲法，黜怪妄，辨鬼神。

橫渠之學，以《易》爲其根本所在，這一點後來學者頗爲贊同。〔註5〕而其具
體內容，則體現爲尊奉禮教，推崇德行，樂天無怨，存順沒寧，黜退怪妄之
說，辨明鬼神之實。這裏所謂的「辨鬼神」，就是我們將要討論的內容。

〔註1〕 張岱年認爲，橫渠把神講的非常玄妙，有時過分誇大了太虛之神與有形之氣
的區別。參見張岱年：《關於張載的思想和著作》，見《張載集》，頁5。

〔註2〕 勞思光：《新編中國哲學史》(3上)，頁179～179。

〔註3〕 朱建民：《張載思想研究》，頁127。

〔註4〕 本節參照了張麗華博士的學位論文——《北宋道學的鬼神觀研究》的若干觀
點。

〔註5〕 如黃宗羲《宋元學案·橫渠學案》：「故其學以《易》爲宗，以《中庸》爲的，
以禮爲本，以孔孟爲極。」王夫之在《張子正蒙注·序》中則如此評價：「張
子之學，無非《易》也。」「而張子之言無非《易》，立天、立地、立人，反
經研幾，精義存神，以綱維三才，貞生而安死。」

橫渠認為：

> 鬼神者，二氣之良能也。（頁9）

「良能」出自《孟子》，通常與「良知」聯繫在一起，意思是人不需要通過學習就具備的知識和能力。孟子認為，人幼小的時候，不用別人教就知道愛他們的父母親，稍長則自然而然就知道尊敬兄長，愛親是仁，敬長為義，可見仁義是人先天就具備的能力和品德。「良知」與「良能」，重點突出其自然而然、本來具備、無需任何後天經驗條件限定。故而，橫渠使用「二氣之良能」來定義鬼神，並非賦予二氣以人格意義，而旨在表明，鬼神只不過是陰陽二氣運動的不同表現形式而已。

在橫渠那裏，鬼神之說是與氣之聚散聯繫在一起的。氣處於一個永恒的聚散循環過程中，氣聚為物，物散為氣，在這一過程中，鬼神之名得以建立：

> 物之初生，氣日至而滋息；物生既盈，氣日反而遊散。至之謂神，
> 以其伸也；反之為鬼，以其歸也。（頁19）

陰陽之氣交感摩蕩，漸至而漸形，一旦氣聚而形成，有形之物體得以生成，則名之以「神」；凝聚成有形之物的氣慢慢消散，一旦氣完全消散，有形之物完全消失，氣復歸於無形，故名之以「鬼」。在這裏，橫渠對鬼神的定義採用了「至之」、「反之」的用法，似乎表明，鬼神有顯與隱的區別：

> 「精氣為物，遊魂為變」，精氣者，自無而有；遊魂者，自有而無。
> 自無而有，神之情也；自有而無，鬼之情也。自無而有，故顯而為
> 物；自有而無，故隱而為變。顯而為物者，神之狀也；隱而為變者，
> 鬼之狀也。大意不越有無而已。（頁183）

「精氣為物，遊魂為變」出自《易·繫辭傳》。橫渠以為，氣聚形成物體，這是從無（無形）而有（有形），自無而有，這是「神」的實情，氣散而有（有形）變為無（無形），自有而無，這是「鬼」的實情；有形之物得以顯現，這是「神」表現出來的形狀，有形之物消亡，這是「鬼」表現出來的形狀。

實際上，鬼神還不僅僅是就有形無形而定義的。在橫渠看來，鬼神之名，只是我們賦予一氣流行過程中不同階段的稱謂；而鬼神之實，則表示著氣化過程中兩種正相反對的情形，這就是「屈」與「伸」：

> 鬼神，往來、屈伸之義。（頁16）

氣之往來、屈伸即是鬼神，而非別有。

鬼神既然是氣之屈伸，則實際上鬼神只是對氣化流行過程中不同階段的

裁定。換句話說，鬼神都不過是過程（氣之流行）的表現。天地法象中任何一個特定的物體，都有生成（氣聚有形）、成長、壯大、衰老、滅亡（氣散無形）的過程。在這個過程中，從陰陽之氣慢慢凝聚到一定階段該物體形狀得以顯露（生成），再到這一物體慢慢成長，從而達到極盛這一階段，都是氣之伸，因此，這一階段都是「神」；而物壯則老，聚成物體的氣開始慢慢消散（物體慢慢衰老），在到後來組成物體之氣完全消散（物體滅亡），復歸於無形之氣，所有這一階段，都是氣之屈，橫渠名之以「鬼」。因此，從特定物體表現出來的氣之流行過程來看，是先有氣之神（伸），而後有氣之鬼（歸），此可謂由「神」轉而成「鬼」；但是從一氣流行的總體過程來看，此物體雖消散，而氣依舊流行，而又產生出新的物體，則又可謂由氣之「鬼」轉而有氣之「神」。由「神」而「鬼」，由「鬼」而「神」，鬼神之名，並無定數。天地之間法象方生方死，方死方生，而鬼神與人終日而不相離，人即是鬼神，物物皆爲鬼神，盈天地之間莫非鬼神。朱子以此評論到：

> 曰：「橫渠謂二氣之良能，何謂良能？」曰：「屈伸往來，是二氣自然能如此。」曰：「伸是神，屈是鬼否？」先生以手圈卓上而直指其中曰：「這道理圓只就中分別恁地。氣之方來皆屬陽，是神；氣之反皆屬陰，是鬼。日自午以前是神，午以後是鬼；月自初三以後是神，十六以後是鬼。」章伯羽問：「日月對言之，日是神，月是鬼否？」曰：「亦是。草木方發生來是神，雕殘衰落是鬼；人自少至壯是神，衰老是鬼；鼻息呼是神，吸是鬼。」（《朱子語類》卷六十三）

鬼神既然只不過是氣之流行過程中的不同階段，故世俗所謂虛靈不昧、懲惡揚善、主宰命運的人格意義上的鬼神就大可懷疑。橫渠更從經驗的角度對世俗之認爲人死爲鬼，而鬼有知，或可依附在人身上，或者可以託夢於人，鬼能福善禍淫，「人之精明者」死後可化爲厲鬼作祟等觀點進行了批駁：

> 今更就世俗之言評之：如人死皆有知，則慈母有深愛其子者，一旦化去，獨不日日憑人言語託人夢寐存恤之耶？言能福善禍淫，則或小惡反遭重罰而大憝反享厚福，不可勝數。又謂「人之精明者能爲厲」，秦皇獨不罪趙高，唐太宗獨不罰武后耶？又謂「衆人所傳不可全非」，自古聖人獨不傳一言耶？聖人或容不言，自孔孟而下，荀況、揚雄、王仲淹、韓愈，學亦未能及聖人，亦不見略言者。以爲有，數子又或偶不言，今世之稍信實亦未嘗有言親見者。（頁373）

橫渠從經驗的角度批評說，既然人死爲鬼而有知，爲什麼慈愛的母親在化爲鬼之後不天天依附在人身上，或者天天託夢給人們，以繼續表達自己對孩子的關懷與愛護？既然鬼能福善禍淫，則爲什麼有的人僅僅犯了一點小小的過錯就遭受了重重的懲罰、而有的人無惡不作反而能夠享受極大的幸福？既然「人之精明者」死後可化爲厲鬼作祟，那麼爲什麼秦始皇死後不化爲厲鬼禍害危害秦王朝的趙高、唐太宗爲什麼不化爲厲鬼懲罰顛覆唐社稷的武則天？針對「衆人所傳不可全非」，因此自古到今紛紛揚揚傳說的鬼之說不能全部否定的觀點，橫渠也反問說，自古及今，爲什麼孔孟等聖人、以及荀子揚雄等先賢也沒有鬼是虛靈不昧、能懲惡揚善等的表達？即便現在有人相信有這些東西，又有誰親言見到過？

　　針對天地山川等自然神祇，橫渠認爲，這也需要從氣之屈伸的角度來加以理解：

> 所謂山川門雷之神，與郊社天地陰陽之神，有以異乎？易謂「天且弗違，而況於鬼神乎」！仲尼以何道而異其稱耶？又謂「遊魂爲變」，魂果何物？其遊也情狀何如？試求之使無疑，然後可以拒怪神之說，知亡者之歸。此外學素所援據以質成其論者，不可不察以自祛其疑耳。（頁374）

祭祀中有所謂「五祀」，其祭祀對象爲門、窗、井、竈、中霤（屋檐或堂屋），橫渠在這裏用門雷之神代表五祀之神。橫渠說，這些山川和五祀之神，與天地陰陽之神有什麼區別？如果能夠明白鬼神不過是氣之屈伸，則對這些神能夠有充足的理解，知道它們不過是自然而然的現象，則能去除不必要的疑慮。

　　橫渠認爲，關於鬼神的「異端」之說影響極大，學者即便能夠理解鬼神的根本，也極容易異端迷惑。他由此提出了「守之不失」的方法：

> 所訪物怪神奸，此非難說，顧語未必信耳。孟子所論知性知天，學至於知天，則物所從出當源源自見，知所從出，則物之當有當無莫不心喻，亦不待語而知。諸公所論，但守之不失，不爲異端所刦，進進不已，則物怪不須辨，異端不必攻，不逾期年，吾道勝矣。若欲委之無窮，付之以不可知，則學爲疑撓，智爲物昏，交來無間，卒無以自存，而溺於怪妄必矣。（頁349）

橫渠認爲，沒有必要見到別人宣揚物怪神奸就非得辨別個一清二楚，這樣的話只能使得自己越辨越糊塗，到後面說不清楚了，就歸結爲不可知，這樣一

來終究難免陷入到怪妄之說中而不可自拔；只要能夠知道事物之當有當無並堅持這一看法，那麼邪說異端也就無從得入，只要持續不斷地這樣做，不用太長的時間（「期年」），也就能徹底擺脫怪妄之說的糾纏了。

據上討論，橫渠沒有否認鬼神的存在。從一定程度上說，我們甚至可以認爲，橫渠接受了部分關於鬼神的傳統界說。例如，橫渠認爲，人有所謂魂魄，而魂與魄的區別就在於，魂是與人之軀體不可分離之氣，人死則魂散，魄則是在人活著的時候與軀體不離，人死而不散：

> 氣於人，生而不離、死而遊散者謂魂；聚成形質，雖死而不散者謂魄。（頁 19）

橫渠在這裏分出魂魄，意在說明世俗所謂魂魄，同樣不過是氣之聚散的結果。不過，既然人死之後，還有死而不散之魄，則世俗所謂人死爲鬼，卻也並非沒有道理——人死而爲鬼之鬼，即是死而不散之魄。但是由前面的討論中我們知道，橫渠特別反對的是人死有知、即鬼可有作用的觀點。由此可見，從根本上說，橫渠的鬼神之說，是爲了消解傳統中所謂虛靈不昧、懲惡揚善、主宰命運的人格意義上的鬼神。從此意義上，則橫渠的鬼神之說，實際上是傳統鬼神之說的框架內對之做出了完全理性主義的理解。更爲重要的是，既然鬼神只不過是氣之屈伸（此可謂「知鬼神」），那麼人之命運就不需要託付給這些本來就沒有決定作用的所謂鬼神；人之命運，應完全按照人自己的氣化實然來決定（此可謂「知人」）。從這個意義上說，橫渠的鬼神之說，爲其提倡窮神知化、存順沒寧的積極人生態度奠定了堅實的基礎。「理學家之論鬼神，無能越斯旨者」，〔註 6〕橫渠的鬼神之說，是中國傳統鬼神觀中所能達到的最高峰。

橫渠的鬼神之說，與他關於太虛與物的區別聯繫在一起：

> 物雖是實，本自虛來，故謂之神；變是用虛，本緣實得，故謂之鬼。（頁 183）

萬物有形有體，這是「實」；但它們都是由太虛之氣凝聚而有，由太虛之氣而有萬物，這一過程爲「神」；氣散而實有的萬物逐漸消亡，復歸於無形的太虛之氣，這一從有到無的過程，被稱之爲鬼。神是氣之自無而有的過程，故可謂無形；鬼是自有而無的過程，故可謂有形。我們在上面討論過橫渠對「精

〔註 6〕呂思勉：《理學綱要》，頁 68，東方出版社，1996 年版。

氣為物，遊魂為變」的解釋，這一段就是承接上一解釋而來，橫渠說，這裏面的道理都是相合的。

「本自虛來」，即物本來由太虛之氣而來；「本緣實得」，即太虛之氣為有形之物之所歸。就鬼神作為氣化實然的表現而言，它們反映了整個「太虛不能無氣，氣不能不聚而為萬物，萬物不能不散而為太虛」的過程。不過從氣之本然狀態與非本然狀態的角度，則所謂「本自虛來」，可說是氣之非本然狀態（「實」）有其根本，這一根本從氣之本然狀態（「虛」）而來；所謂「本緣實得」，則可說氣之非本然狀態之「本」，只能就這一非本然狀態之實際形態（「實」）而有。由此可見，在氣之體用關係即太虛之體與流行發用之間，橫渠不否認氣之流行發用須要以氣之太虛之體為根本；但是橫渠同樣強調，氣之太虛之體必須就氣之流行發用才能得到說明。

橫渠上述說法，同樣旨在表明氣兼虛實、氣有體有用，清通之本然（體）須表現為流行發育之實然（用），而流行發育之用則必體現氣之清通本性。無太虛固然氣之聚散無所本，然而離開氣之聚散，更無所謂太虛。由此看來，在橫渠那裏，太虛本體似不能做邏輯在先的理解。〔註7〕

由此，就鬼神之說為氣之聚散而言，毫無疑問這是就氣化實然的層面上說；但是因為橫渠認為「本緣實得」角度而言，則氣化實然即是圓融無礙，就此圓融無礙而分清濁、虛實、動靜、聚散，則鬼神並非僅僅只是氣之質性，而實際上就是圓融無礙的氣化實然本身。如果在此實然之「神」（鬼神之神）外求所謂本然之「神」（所謂誠體之「神」），而以本然之神體為實然之神用的根據，〔註8〕這一說法與橫渠「本緣實得」的思想似有扞挌不入之處。

二、氣有陰陽，推行有漸為化，合一不測為神

作為對流行之氣的不同階段的分殊，鬼神是陰陽二氣屈伸往復，自然如此；而陰陽二氣之屈伸，則跟陰與陽的不同本性有關：

　　陰性凝聚，陽性發散；陰聚之，陽必散之，其勢均散。（頁12）

〔註7〕 邏輯在先的說法是同時間在先的說法相對照的，例如程朱的理氣觀，從具體的存在來講，理氣是不相分離的，然而從理論上說，則必須講沒有氣也有理的存在，如朱子說「理氣本無先後之可言，然必欲推其所從來，則須說先有是理。」這即是邏輯在先的說法。參見馮友蘭：《中國哲學史新編》第五冊，頁167～168，人民出版社，1988年版。

〔註8〕 參見牟宗三：《心體與性體》（上），頁409～413。

> 虛則受，盈則虧，陰陽之義也。故陰得陽則爲益，以其虛也；陽得
> 陰則爲損，以其盈也。（頁224）

> 陰虛而陽實，故陽施而陰受；受則益，施則損，蓋天地之義也。（頁
> 225）

陰的本性是凝集，而陽的本性是發散；陰的本性是虛，陽的本性是實；陰的本性是接納，陽的本性是施展。陰與陽相摩相盪，這種狀態是就是《易·繫辭傳》所謂「絪縕」、「構精」，由此而產生出萬物法象，這就是《易·繫辭傳》「天地絪縕，萬物化醇；男女構精，萬物化生。」橫渠說：

> 氣塊然太虛，升降飛揚，未嘗止息，易所謂「絪縕」，莊生所謂「生
> 物以息相吹」、「野馬」者與！此虛實、動靜之機，陰陽、剛柔之始。
> 浮而上者陽之清，降而下者陰之濁，其感通聚結，爲風雨，爲雪霜，
> 萬品之流形，山川之融結，糟粕煨燼，無非教也。（頁8）

「生物以息相吹」、「野馬」出自《莊子·逍遙遊》：「野馬也，塵埃也，生物之以息相吹也。」所謂「野馬」，即是「春月澤中游氣」，以「野馬」來形容游氣，即是指「天地間氣如野馬馳也」。[註9] 也就是說，氣充滿在太虛（此處「太虛」指廣袤的虛空）之中，一升一降，這就是《易傳》所謂的「絪縕」，它們就好像莊子所謂的野馬塵埃一樣，在空中飛揚，沒有停止的時候。這種「絪縕」的狀態，是虛實動靜的關鍵，是陰陽剛柔的開始。其中陽氣輕浮而上升，陰氣重濁而下降，二氣相感而凝聚成風雨霜雪、山川草木等萬物。

這裏所謂的上升與下降，就是陰陽相互推移，或相吸引，或相排斥；而陰陽二氣的推移，構成了現象界變化的基本法則：

> 若陰陽之氣，則循環疊至，聚散相盪，升降相求，絪縕相揉，蓋相
> 兼相制，欲一之而不能，此其所以屈伸無方，運行不息，莫或使之，
> 不曰性命之理，謂之何哉？（頁12）

陽中有陰，陰中有陽，陰陽相互滲透，這是「相兼」；陰消陽，陽息陰，陰陽相互侵消，這是「相制」。陰陽之氣，正是因爲陰與陽的「相兼」「相制」，才表現出屈伸，才能夠處於永恆的循環變化的過程之中。除了陰陽的「相兼」「相制」之外，沒有其他的原因造成了現象界的變化；而陰陽的「相兼」「相制」，

[註9] 此處引用「野馬」的解釋，前爲司馬彪注，後爲崔譔注，均引自郭慶藩：《莊子集釋》，頁6。

又出於陰陽固有的本性，是自然而然的，同樣沒有別的理由，橫渠以此認為，這就是整個現象界的規律，他稱之為「性命之理」。〔註10〕

陰陽之氣屈伸無方，運行不息，莫或使之。這就是說，氣的運行，不需要從別的地方找原因，它自己本身就是原因。因此橫渠說：

> 凡圜轉之物，動必有機；既謂之機，則動非自外也。（頁11）

「動非自外」的觀點，表明在就一氣流行的整體過程而言，陰陽始終相摩相蕩；它同時還包含著，就現象界的每一具體事物而言，同樣完全是陰陽的推移。如果說，具體事物的陰陽推移是它們自己單獨的、內在的「節奏」，那麼，整個世界的陰陽推移就是共同的，外在的「節奏」，這兩種「節奏」本身的同一，意味著個體事物與個體事物之間，具體事物與宇宙之大化流行本身，是一個和諧的整體。

在橫渠那裏，表現在具體可感知物體上的氣是流行，而天地之間，同樣只有氣之流行。鬼神者二氣之良能，鬼神即是流行；風雨霜雪、高山大川，糟粕煨燼，無非流行。所有事物的所有表現，例如清濁虛實動靜，莫非流行。流行就是過程，過程就是實在，因此，從某種意義上講，橫渠的哲學就是氣之流行的哲學，從而也就是以過程為中心的哲學。〔註11〕

陰陽互相推移，從而促使一氣流行，就萬物生化而言，這一過程表現有緩有驟：

> 雷霆感動雖速，然其所由來亦漸爾。（頁12）

在橫渠看來，天地之間，如果陰氣凝聚，而陽氣在陰氣的包圍中不得出，於是陽氣必奮起則叩擊陰氣，從而產生出雷霆。（「凡陰氣凝聚，陽在內者不得出，則奮擊而為雷霆」，頁12）速，但是陰陽推移形成雷霆的過程，卻是緩慢

〔註10〕 此處解釋參照了朱伯崑的觀點，參見氏著：《易學哲學史》第二卷，頁289～290。

〔註11〕 懷特海說過，強調過程的哲學有一個「本體論原理」：沒有實際存在物（actual entity），就沒有任何原因。在他的理解中，現實世界是一個過程，所有事物只有還原到過程之中，才能得到確切的理解：其所謂實際存在物，就是在處於過程之中，與此過程相聯繫的「實際場合」（actual occasion）。實際場合也是過程，就這一過程是與當下環境緊密聯繫不可分割而言，才稱之為「實際場合」。換而言之，過程哲學中終極的事物，只有過程；在過程哲學中，「關係性」（relatedness）比「實體」（substance）、「性質」（quality）更為優越。參見氏著：《過程與實在》，頁7，31～32，以及該書譯者「序言」頁19，中國城市出版社，2003年版。

的。就雷霆之迅猛而來，其表現是神妙不測；就雷霆的產生而言，則經歷了陰陽推移的漫長過程。

因此，在一氣流行過程中，有「神」，有「化」：

> 氣有陰陽，推行有漸爲化，合一不測爲神。（頁 16）

《易‧繫辭傳》稱：「陰陽不測之謂神。」韓康伯注：「神也者，變化之極，妙萬物而爲言，不可以形詰者也。」一氣流行過程中，陰陽推行漸漸而來，無聲無息，緩慢而不休不已，這一過程即是「化」；而陰陽之推行，神妙不測，不拘泥於一事一物，這可稱之爲「神」。

「神」是就陰陽不測的神妙作用而言，「化」是就陰陽推行過程的漸近性而言。「神」與「化」在表現上，有「漸」和「速」的區別，但是這種區別，卻也不是截然對立的：

> 《易》言「感而遂通」者，蓋語神也。雖指暴者謂之神。然暴亦固有漸，是亦化也。（頁 201）

「感而遂通」出自《易‧繫辭傳》：「易無思也，無爲也，寂然不動，感而遂通天下之故。非天下之至神，其孰能與於此。」橫渠指出，神之表現是不測，突然（「暴」），但是這種不測性與突然性，卻是以漸漸之「化」爲前提的；沒有「化」之「漸」，則沒有「神」之「速」。

有研究者認爲，「化」是陰陽二氣循環叠運引起的緩慢變化，而「神」則是由陰陽二氣合一起來引起的突然的、顯著的、複雜不固定的變化，神化即是所有變化的總稱；由於化即天道，而神或可稱之爲化的一種形式。〔註12〕這一觀點有見於「神」之不測而突然（所謂「暴者」）與「化」之緩慢而難知之間的區別，然而把神化視爲所有變化的總稱，以及把神歸之爲化，這卻需要加以分析。

在橫渠那裏，相對於化之「漸」而言描述氣之變化的概念還有一個，即「變」：

> 變言其著，化言其漸。（頁 70）

也就是說，相對於化之緩慢過程而言，「變」指在陰陽兩端交感過程中產生某種顯著的結果。在橫渠看來，眞正意義上的「變」，乃是「遊魂爲變」中的「變」：

〔註12〕程宜山：《張載哲學的系統分析》，頁 33。

> 形聚爲物，形潰反原，反原者，其遊魂爲變與！所謂變者，對聚散
> 存亡爲文，非如螢雀之化，指前後身而爲説也。（頁 184）

「形聚爲物，形潰反原」，也就是無形的太虛之氣聚而爲有形的天地萬物，有形的天地萬物散而爲無形的太虛之氣。這一過程，對氣而言，是聚散；對物本身而言，也可謂存亡。故橫渠說「變」是「對聚散存亡爲文」，《禮記・月令》中所謂腐草化爲螢，雀入大水爲蛤〔註 13〕等事情，只是一物變爲另外一物，一種形狀變爲另外一種形狀（「前後身」）而已，這不是眞正意義上的「變」。

根據《繫辭傳上》「化而裁之謂之變」及「化而裁之存乎變」等提法，橫渠提出：

> 乾坤交通，因約裁其化而指別之，則名體各殊，故謂之變。（頁 207）
>
> 變則化，由粗入精也，「化而裁之謂之變」，以著顯微也。「化而裁之
> 存乎變」，存四時之變，則周歲之化可裁，存畫夜之變，則百刻之化
> 可裁。（頁 208）

這就是說，「變」是指出現了某一顯著結果，而「化」則是無時不刻不在進行。從「變」的顯著結果中，我們可以知道這一結果由來有自，由此而認識到漸漸的變化（「化」）這是「以著顯微」；變的顯著結果出現之後，又轉而進入更爲深層的不被察覺的變化，這是「由粗入精」。由此可見，陰陽兩端交感的一氣流行過程中，「化」無時不刻不在進行，只不過有的時候有顯著的結果出現，人們可以看到這一顯著的結果，在更多時候，則是無聲無息地發生著，不被人們察覺。從這個意義上說，「化」是所有變化的總稱，「化」就是一氣流行的全部過程，而「變」不過是在這一過程中出現了顯著的結果的指稱；由「變」而區分出氣之大化流行的階段性，故「變」是「約裁其化」。「變」與「化」並不是質量互變規律中質變與量變的區別，至多可以用「著變」和「漸變」來區別二者〔註 14〕。

由此可見，「變」和「化」並不是對等的一組概念。在橫渠思想中，「化」是中心概念，是絕對的、無條件的，所謂「須臾之化則知須臾之傾必顯，一

〔註 13〕《禮記・月令》：「季夏之月……腐草爲螢。」「季秋之月……爵（雀）入大水爲蛤。」

〔註 14〕參見朱伯崑：《易學哲學史》，第二卷，頁 297～298。

日之化則知一日之況有殊」（頁 197），從根本上說，「變」是「化」的一種形式。〔註 15〕如果要說所有變化的總稱，則「化」概念即是所有變化的總稱。神則不能歸結為化。在橫渠那裏，神以「速」來形容，這是從氣之陰陽不測角度而言；與化之「漸」與變之「著」就陰陽推行過程與結果之角度大有區別。因為陰陽不測正是造一氣流行之過程與結果的原因，因此神是一氣流行的原因所在：

> 天下之動，神鼓之也，神則主乎動，故天下之動，皆神之為也。（頁 205）

天地之間所有的運動變化，都是神之所為，故「神主乎動」。因為神之本意即是陰陽推移而不測。因此「天下之動，神之為」的說法，不過是陰陽推移造成一氣流行的另外一種表述。橫渠這裏使用「鼓之」、「主乎動」、「為」等說法，似乎給人以神是獨立於氣的印象，但是實際上，一氣流行背後，沒有另外一個超越性的東西來鼓之動之。

從概念的角度，神與化不同，橫渠以神概念來解釋化概念；但是就實際情況而言，神為陰陽不測而化為陰陽流行發用，神與化都是一本於氣。換言之，在橫渠這裏，神與化似乎可以做這樣的區分：化為一氣流行之過程，而神為這一過程之所以可能的根據。就此而言，以神為化之根據是有理由的，但是以神為化的一種形式，這種觀點在橫渠著作中恐怕找不到太多的依據。

橫渠云：

> 一物兩體，氣也；一故神，（自注：兩在故不測。）兩故化，（自注：推行於一。）此天之所以參也。（頁 10）

〔註 15〕在提及「變」與「化」之時，《張載集》存有一點校問題。《橫渠易說》於《繫辭傳上》「子曰：知變化之道，其知神之所為乎」條下有此一段：「聖人之進，豈不自見！今在學者區別是非，有化於神者猶能知之，況聖人乎！《易》言『窮神知化』，又言『知變化之道』，安得不知！」此條於《周易繫辭精義》中二見：一同《橫渠易說》，注於「子曰」條下，前引作「張氏曰」，行文基本一樣，惟「有化於神者」作「有化於善者」；另一處注於「窮神知化，德之盛也」條下，前引作「張氏易說曰」，「有化於神者」仍作「有化於善者」，下則為「《易》言『窮神知化，知變化安得不知』」。《張載集》據此點校為「聖人之進，豈不自見！今在學者區別是非，有化於（神）【善】者猶能知之，況聖人乎！《易》言『窮神知化』，又言『知變化之道』，【知變，化】安得不知！」按：「【知變，化】安得不知」顯然有誤，蓋《周易繫辭精義》前後重出，而前後略有差異，比較一下即可看出，後出者所謂「知變化安得不知」，乃是在引用《易》文「知變化之道」時未引全而已。

以氣有陰陽兩端，兩端推移交感而有一氣流行，是謂之化；兩端推移變化無方莫知其向，是以不測，以其不測，故謂之神。神之不測，以氣有陰陽兩端，陰陽兩端本性相反，相兼相制而出現不測之妙用，此謂「兩在故不測」；由陰陽兩端之不測妙用而有大化之流行，而兩端則雖然本性相反，都是一氣之本性，大化流行實即一氣流行，此謂「推行於一」。沒有二端交感，則大化流行過程不可得而見；沒有大化流行過程的表現，則陰陽推移不可得而顯。由神之鼓動而有大化流行，此爲神之妙用，或可歸結爲神之「用」；由大化流行而顯現出神之鼓動，此可謂神之「體」。神之「用」即是大化流行之過程本身，而神之「體」則是此過程之所以如此的根據，就此而言，區分神「體」神「用」亦無不可。〔註16〕神之體用，即是「神中有化，化不離乎神」〔註17〕，即所謂神化不二。然而必須強調的是，神化皆不可離氣而言。

這裏所謂的神體，不過是「一陰一陽」，即陰陽屈伸的內在機制；而這裏所謂的神用，又不過是陰陽不測之妙用。就概念的分析來看，神之不測之「用」，來源於其合二之「體」；但就實際情況而言，神之體用都是就氣之二端交感而言。一陰一陽必有陰陽不測之妙用。橫渠之神，即是兼陰陽二體之神：

> 體不偏滯，乃可謂無方無體。偏滯於畫夜陰陽者物也，若道則兼體而無累也。以其兼體，故曰「一陰一陽」，又曰「陰陽不測」，又曰「一闔一闢」，又曰「通乎晝夜」。語其推行故曰「道」，語其不測故曰「神」，語其生生故曰「易」，其實一物，指事而異名爾。（頁65～66）

不偏不滯於一邊，方能圓融無礙，無方無體，故道爲兼體無累；而偏滯於一邊的則是具體之物，故爲糟粕煨燼之器。橫渠又說，以其爲兼體無累，不偏滯一邊，故有「一陰一陽」、「陰陽不測」、「一闔一闢」、「通乎晝夜」等不同說法。從推行角度，則名之以道；從不測角度，則名之以「神」；從生生角度，則名之以「易」；其實都是針對對氣化流行過程而言，只不過是在不同情況下有不同表述而已。

由此，橫渠兼體之神，與伊川之「所以陰陽」者，雖然都是指運動變化的根據，而二者之間實有差別。伊川云：

〔註16〕參見朱建民：《張載思想研究》，頁50～51。
〔註17〕王夫之：《張子正蒙注》，頁31。

> 「一陰一陽之謂道」，道非陰陽也，所以一陰一陽，道也。如一闔一
> 闢謂之變。（《遺書》卷三）

《易・繫辭傳》稱「一陰一陽之謂道」，伊川以為，道和陰陽是有區別的，陰陽自身不能稱為道，只有使陰陽動靜之所以然者方稱為道，如同闔與闢不能稱為變，有闔有闢方稱為變。〔註18〕陰陽背後既然還有所以然，則陰陽與道自然是有所不同，至於道與陰陽之關係，伊川說：

> 離了陰陽更無道，所以陰陽者是道也。陰陽氣也，氣是形而下者，
> 道是形而上者。形而上者則是密也。（《遺書》卷十五）

道作為「所以陰陽」，即陰陽何以成為陰陽的根據或者本質，乃是不離陰陽。沒有陰陽，則道也無從表現，這就是「離了陰陽更無道」。在伊川看來，陰陽屬氣，而所以陰陽則是陰陽之理，故理為道，氣為器；理是形而上者，氣是形而下者。只要一說「氣」，則氣必有陰陽，故「既曰氣，則便是二」：

> 一陰一陽之謂道，此理固深，說則無可說。所以陰陽者道，既曰氣，
> 則便是二，言開闔，已是感，既二則便有感。所以開闔者道，開闔
> 便是陰陽。老氏言虛生氣，非也。（《遺書》卷十五）

伊川認為，只要是說到氣，必定分為陰陽，只要是陰陽，就一定有感有通，感通開闔是氣的作用，然而氣之所以能感通開闔，有一個所以然的原因。伊川批評老氏虛能生氣理論有兩個理由：一方面，伊川認為「動靜無端陰陽無始」（《程氏易說・繫辭》），對於一氣流行的現實，沒有一個宇宙論意義上的本原性東西；另一方面，一氣流行的背後，有一個所以然，這一所以然才是原因。作為所以然之道與陰陽二氣，二者是相即不離的。

　　伊川以「所以陰陽」之理闢老氏虛能生氣，橫渠以兼體之神正佛老之失，就守儒家之立場而闢異端之邪說角度，二者並無不同，由此亦可見道學興起之原因以及道學旨趣之所在；伊川認為現實世界為陰陽無端動靜無始，橫渠謂「其陰陽兩端循環不已者，立天地之大義」，二者也有相近之處。不過，伊川從「一

〔註18〕伊川舉闔闢之例以說明道非陰陽，實不足以支持其論點。近人黃廣生曾對「之謂」與「謂之」做過詳細分析。他指出，二句式都是詮釋句，其前都是較為具體的事物，其後都是較為抽象的概念；「謂之」句乃以下面較為抽象的概念概括上面的具體內容，「之謂」句乃以上面的具體內容解釋下面的抽象概念。參見黃廣生：《試論「謂之」「之謂」在先秦古籍中的用法》，《吉林大學社會科學學報》，1963 年第 1 期。故「一闔一闢謂之變」，只能說明「變」是「兼闔闢」而言，而不能說明「變」是闔闢之「所以然」。

陰一陽」中體貼出「所以陰陽者」，而橫渠徑直就「一陰一陽」立不被形器所限制的兼體之神，二者之路向可謂大相徑庭。在伊川看來，既曰氣，便是二，則陰陽之氣類似於惰性氣體，必有陰陽之理在背後推動才行；但是對橫渠來說，陰陽之氣本身即可以流行，兼陰陽二體之神即足以解釋這一過程，無需另在氣之外設定一個東西。既然如此，則我們就不必追問一陰一陽合一不測之「所以可能」的根據，更無需以此而立所謂「圓融義之神體」。〔註19〕

三、氣之性本虛而神，則神與性乃氣所固有

在虛氣一章中，我們討論過氣之本然狀態與氣之非本然狀態之間，是無形與有形、無感與有感、清通與濁礙等的區別，這些區別之中，無形與有形的區別是最基本的，從而也成了橫渠區分形而上與形而下的根據。實際上除了形與不形的問題，在橫渠那裏還有一個象與不象的問題。橫渠在《正蒙・太和篇》中說：

> 氣本之虛則湛一無形，感而生則聚而有象。有象斯有對，對必反其爲；有反斯有仇，仇必和而解。故愛惡之情同出於太虛，而卒歸於物欲，倐而生，忽而成，不容有毫髮之間，其神矣夫！（頁10）

氣在本然狀態的時候是湛一無形，清淨純一，尚未相感，而有所感則氣聚而爲有象。由此而產生對立，由對立而產生相反的作爲，由此相反的作爲而產生矛盾與衝突，而此矛盾與衝突必歸於和解（「和」）。也就是說，對、反、仇、和都是在感而聚爲有象的前提下產生的；那麼這不是意味著，氣在湛一無形、至靜無感的太虛狀態的時候，就是無象的狀態？

我們在第一章中已經提到，客感與無感是氣之本然狀態與非本然狀態的區別之一。如果只是在氣之感通之後才會有象狀表現，則無感之時的太虛就應該處於無形無象的狀態中。假如真有一個無形無象的太虛，那麼就會出現無形而無象的太虛之氣，無形而有象的聚散之氣，有形而有體的萬物這樣三重化的區分。但是在橫渠那裏，他似乎不認爲太虛是無形無象的：

> 形而上者，得辭斯得象，但於不形中得以措辭者，已是得象可狀也。今雷風有動之象，須得天爲健，雖未嘗見，然而成象，故以天道言；及其法也則是傚也，傚著則是成形，成形則地道也。若以耳目所及

〔註19〕圓融義、偏勝義之神體神用的區分，參見朱建民：《張載思想研究》，頁50～51。

求理，則安得盡！如言寂然湛然亦須有此象。有氣方有象，雖未形，不害象在其中。（頁231）

橫渠此段是解釋《易·繫辭傳下》「夫乾，天下之至健也，德行恒易以知險；夫坤，天下之至順也，德行恒簡以知阻」一句，不過關於天成象、地成形的說法，同樣可以說是在解釋《易·繫辭傳上》的「在天成象，在地成形」。[註20] 橫渠在這指出，陽之本性為健，故能發散；陰之本性為順，故主凝聚；陰陽本性不同，故產生變化，從而有象狀和形體出現。形而上的東西雖然是無形，卻並非空無一物，只要我們可以用語言來描述這種無形的狀態，那麼雖然我們不能看到這種無形的東西，我們仍然可以知道這種無形是有象狀的表現的。太虛是「寂然」和「湛然」，「寂然」就是所謂「寂然不動」，也就是指氣之太虛狀態是陰陽未有交感之時，「湛然」則指太虛之氣的澄澈精一，寂然和湛然都是我們對不形之太虛的措辭，因此這也就是「得象可狀」。故而，橫渠在這裏明白地指出，寂然無感湛然澄澈的太虛之氣雖然無形，其中也有象狀表現。

由此橫渠指出，氣的根本表現就是「象」：

所謂氣也者，非待其蒸鬱凝聚，接於目而後知之；苟健、順、動、止、浩然、湛然之得言，皆可名之象爾。然則象若非氣，指何為象？時若非象，指何為時？（頁16）

橫渠認為，氣包括「離明得施」和「離明不得施」兩種狀態，「蒸鬱凝聚，接於目而後知之」的氣固然是氣，含有「健、順、動、止、浩然、湛然」等象狀的氣同樣也是氣。實際上，在橫渠看來，「凡有皆象」，而「凡象皆氣」：

凡可狀，皆有也；凡有，皆象也；凡象，皆氣也。（頁63）

所有可以被人用言語來形容的東西（如可以描述的性質，可以描述的形狀等等），此之謂「可狀」，都可稱之為「有」；所有的「有」，都是「象」的表現；所有的「象」，都是屬於氣的。橫渠在這裏一連用了三個全稱判斷，表明在他看來，捨氣則無所謂「象」，捨象則無所謂「有」。既然「凡有皆象」，那麼就不能說還有一個無形無象的「有」。

既然不存在「無形無象」的「有」，湛一無形的太虛也是有象可狀，那麼

[註20] 《周易繫辭精義》編撰者即把此條放置在《繫辭傳上》「天尊地卑，乾坤定矣；卑高以陳，貴賤位矣；動靜有常，剛柔斷矣；在天成象，在地成形，變化見矣」條下，也是認為此條可以視為橫渠對「在天成象，在地成形」的解釋。

當橫渠說「感而生則聚而有象」，這個「象」就不能是寂然湛然之象，因爲寂然湛然是至靜無感，這與感通聚結完全不是一回事。由此可見橫渠在對「象」的表述中，如「氣」之用法一樣，亦存有區分。在橫渠那裏，「象」似乎區分爲「可狀之象」與「氣聚之象」。「可狀之象」即是在氣散無形但人可以措辭而所得之象狀，即所謂寂然湛然之象（換句話說，此象實爲太虛之氣的湛一本性）；「氣聚之象」即是氣聚爲物而表現出來的形而下的象狀，即所謂「氣聚則離明得施而有形」之象（天地萬物有形有體，也是屬於可以用語言來描述的「可狀之有」，因此「形」同樣可歸結爲「象」）。象統貫有形無形，凡象皆氣，是以「所謂氣也者，非待其蒸鬱凝聚，接於目而後知之」。也就是說，在橫渠那裏，氣有兩種情況：一個是無形有象的狀態，一個是有形有象的狀態。前者即是太虛，後者即是天地萬物。太虛之氣聚散萬物的過程，即是從可狀之象發展至氣聚之象（形），再從氣聚之象（形）復歸於可狀之象的永恒循環。從根本上說，橫渠的哲學既是「氣」的哲學，同時也是「象」的哲學。

　　需要說明的是，橫渠對「可狀之象」採用的是「得辭斯得象」的方法，即是說，如果可以用語言對無形之事物做出某種界定，則這種界定即可視爲該事物之「象」。橫渠這種說法，在語言與實存之中建立了一種直接的聯繫。現代語義學認爲，概念和符號並非實際存在的事物本身，正如地圖不是疆土〔註21〕。其實對於橫渠來說，其意也非以「得辭」等同於實際存在。橫渠並非認爲我們對不可得見之物的措辭決定了該物體的象狀，而是說，只要該物體的象狀能夠通過我們的語言表述出來，則我們可由此推斷出其必有象狀表現。事實上，正是因爲不可得見之物有諸如寂然、湛然等等象狀，我們才有可能用語言來表述。橫渠「得辭斯得象」的說法表明，我們要把握無形之象，則必須在無形之中可得以措辭。基於此，我們也可以合理地進一步推斷，如果有無形之物且不可對之加以措辭，也不一定就意味著該物無象可狀，也許只是我們不可得之而已。

　　總而言之，橫渠不取「無象」之說法。下面我們對其「不可象」之說再做分辨：

〔註21〕由於對理解實際存在的事物的描述，要比去理解實際存在的事物本身更爲容易，所以人們通常傾向於將二者混爲一談，並且把我們的概念和符號看作是實際存在的事物本身。美國語義學家科齊伯斯基（Alfred Korzybski）以「地圖不是疆土」這一有力的警句，揭示出了這一混同的實質及其危險。參見卡普拉：《物理學之「道」——近代物理學與東方神秘主義》，頁15。

> 太和所謂道，中涵浮沈、升降、動靜、相感之性，是生絪縕、相盪、勝負、屈伸之始。其來也幾微易簡，其究也廣大堅固。起知於易者乾乎！效法於簡者坤乎！散殊而可象爲氣，清通而不可象爲神。不如野馬、絪縕，不足謂之太和。語道者知此，謂之知道；學易者見此，謂之見易。不如是，雖周公才美，其智不足稱也已。（頁 7）

「散殊而可象爲氣，清通而不可象爲神」，這正是牟宗三先生立太虛神體以攻所謂唯氣論的根據所在。牟宗三先生認爲，既然橫渠明言氣是散殊而可象、神是清通而不可象，可見，氣爲有象，神爲無象，由此可見神就是神，氣就是氣，神與氣可分別建立；再者，太虛爲氣之本體，則可見太虛即是由清通無象之神而規定，故太虛即神，對氣而言爲本體，這就是所謂「太虛神體」。〔註22〕

　　但是我們以爲，既然橫渠認爲「凡有皆象」，那麼當橫渠說「不可象」的時候，如果這個「不可象」眞是指「無象」，則從邏輯意義上來說，用「不可象」來形容的事物就不能是「有」，因此清通「無象」之神也不是「有」，既然不是「有」，那神就不是一種可以獨立存在的實體。如此一來，神與氣倒是「分別建立」了，但是這種分別建立，實際上又是取消了神的獨立性，這不陷入了邏輯的悖論之中？由此可見，「可象」與「不可象」的區別，不能理解爲「有」象與「無」象的區別。

　　此外，神之不可像是與氣之可象對待而說，而橫渠在《正蒙‧乾稱篇》中又說：

> 陰陽之氣，散則萬殊，人莫知其一也；合則混然，人不見其殊也。（頁66）

陰陽之氣聚爲萬物，遍佈天地，形狀各異，人們都不知道它們實際上都是由一氣構成；萬物散而成無形之氣，故不見陰陽之氣有所分別。由此，則所謂「散殊而可象」，即是指「散則萬殊」，也即是所謂氣聚而離明得施、從而呈現出天地法象；而「清通不可象」，則指「合則混然」，也即所謂氣不聚則離明不得施、天地法象復歸於無形之氣的狀態。這裏「可象」與「不可象」的區別，正是「可狀之象」與「氣聚之象（形）」的分別。可見，此處之神，即是太虛之氣的同義語，而此處氣與神的區別，實際上不過是聚散之氣與太虛之氣的區別，不過是兼體陰陽之氣的不同表現。

〔註22〕牟宗三：《心體與性體》（上），頁 379～380。

　　橫渠以「神」爲太虛之氣的同義語，這與神故天下之動的說法有密切關係。在《正蒙・太和篇》云：

　　　　凡氣清則通，昏則壅，清極則神。故聚而有間則風行，風行則聲聞
　　　　具達，清之驗與！不行而至，通之極與！（頁9）

在橫渠看來，氣惟有清通方可流行不已，而清通之極至，則是「不行而至」。湛然極清的太虛就是清通之極至，這種狀態表現出來的妙用，就是「不行而至」，此即是所謂「清極則神」。清通是對氣的形容，而氣之所以清通，正因爲其不偏滯於陰陽，此不偏滯於晝夜陰陽的氣之狀態，即是太虛，即是神。

　　由此，橫渠提出：

　　　　氣之性本虛而神，則神與性乃氣所固有，此鬼神所以體物而不可遺
　　　　也。（自注：舍氣，有象否？非象，有意否？）（頁63）

氣之性，即是指氣兼陰陽二體的本性，以其不偏滯於一邊，故能虛，更能表現爲不測之流行發用，故虛也好神也好，不過是形容氣之本性無形而神妙，由此可見神爲氣所固有，神不在氣之外。〔註23〕神與虛皆屬於氣，由此，認爲氣之性乃是氣之超越的體性、遍運乎氣而爲氣之體者、以及虛與神和氣不即不離等說法，恐皆不能成立。

　　橫渠「散殊而可象爲氣」、「清通而不可象爲神」的說法，雖是指聚散之氣與太虛之氣而說，確也可見其措辭有不嚴謹的地方。蓋其說法，粗看等於把氣限定在氣聚之象（形）層面上，並另立一個「清通而不可象」的「神」，故二程有如下批評：

　　　　神氣相極，周而無餘。謂氣外有神，神外有氣，是兩之也。清者爲
　　　　神，濁者何獨非神乎？（《二程粹言・心性》）

　　　　氣外無神，神外無氣，或者謂清者神，則濁者非神乎？（《遺書》卷
　　　　十一）

二程認爲，橫渠之論是「氣外有神，神外有氣」，因此他們提出「氣外無神，神外無氣」與橫渠之說對立。〔註24〕當然，如果僅僅著眼於「散殊而可象爲

〔註23〕參見《張岱年文集》第四卷，頁142～143，清華大學出版社，1992年版。
〔註24〕曾經有學者認爲，「氣外無神，神外無氣」一語爲二程用來概括橫渠的思想。
　　　　陳來在《關於張載的氣觀和理觀》一文中已經論述的非常清楚，即如果說二
　　　　程有概括橫渠的哲學，那麼他們用的詞語正是「氣外有神，神外有氣」，而「氣
　　　　外無神，神外無氣」恰恰是二程自己用以和橫渠對立的主張。參見氏著：《中
　　　　國近世思想史研究》，頁247～248，商務印書館，2003年版。

氣，清通而不可象爲神」的措辭，則二程此說並非毫無道理。但是如前所說，橫渠此處之神與氣，實際上即是太虛與氣，不過是陰陽之氣在「合則混然」與「散則萬殊」階段的不同表現，因此，儘管二程的批評貌似有理，實則反映出二程對橫渠思想的理解有較大的隔閡。〔註 25〕就橫渠思想之整體而言，無論實爲作爲一氣流行過程中的某一階段而言的「神」，還是作爲故天下之動的「神」，又或者是作爲太虛同義語的神，都是就陰陽之氣在不同情形的表現而說，無從得出神氣分離的結論。

四、天德與天道

橫渠以太虛之氣立本，以陰陽之氣統貫天地自然和人類社會，太虛之氣聚散萬物的過程是莫或使之，自然發生。橫渠強調，這是「不得已而然」：

> 太虛不能無氣，氣不能不聚而爲萬物，萬物不能不散而爲太虛。循是出入，是皆不得已而然也。（頁 7）

「不能不」則勢有必至，「不得已而然」則莫或使之，這意味著氣之聚散沒有任何外來的強加作用。造化所成雖然各各不同，也都只能歸結爲陰陽二端：

> 造化所成，無一物相肖者，以是知萬物雖多，其實一物；無無陰陽者，以是知天地變化，二端而已。（頁 10）

萬物雖多，皆爲一氣構成，所以是「其實一物」；天地之間，陰陽推移，無物無有陰陽，故變化都是二端所爲。一氣構成的天地萬物參差不齊，都是二端交感不得已而然，則可見這裏並沒有主體意識的作用：

> 天不能皆生善人，正以天無意也。（頁 189）

「由太虛，有天之名」，天即指太虛之氣。橫渠認爲，得天地之最靈的人也分出善惡，可見太虛之氣聚散確實是沒有主觀的思慮。

「意，有思也」，「無意」就是無思。「意」向來是和作爲主體的人聯繫在一起，如《論語》有「子絕四：毋意，毋必，毋固，毋我」，《大學》論「誠意愼獨」，本來意思就是指人所特有的思慮、情感。《易‧繫辭傳下》謂「天下何思何慮」，橫渠解釋說：「天下何思何慮，明屈信之變，斯盡之矣。」陰

〔註 25〕清李光地在《注解正蒙》一書中言道：「程子譏之曰：『神氣相極，周而無餘。謂清者爲神，濁者何獨非神乎？』愚謂程子之言當矣。然張子方言虛空之即氣，有無、隱顯、神化之無二，斷無判清濁、離神氣以自背其說之理。」李光地在這裏隱晦地批評了二程的說法。

陽之氣屈伸往來，僅此而已，沒有絲毫的思慮夾雜在裏面。可見，在陰陽推移以成萬物的問題上，橫渠秉持了一種自然主義式的態度。

　　既然天地在造物方面沒有特意爲之，而現實生活中，人的行動舉止則莫不是有意爲之，這恰好和天之無意成爲鮮明的對照，由此，橫渠指出天人之間存在分別：

　　　《繫》之爲言，或説《易》書，或説天，或説人，卒歸一道，蓋不異術，故其參錯而理則同也。「鼓萬物而不與聖人同憂」，則於是分出天人之道。（頁 189）

「鼓萬物而不與聖人同憂」，語出《易・繫辭傳上》，案《繫辭傳上》此一段爲：「一陰一陽之謂道，繼之者善也，成之者性也，仁者見之謂之仁，智者見之謂之智，故君子之道鮮矣。顯諸仁，藏諸用，鼓萬物而不與聖人同憂，盛德大業，至矣哉，富有止謂大業，日新之謂盛德，生生之謂易。」此處所謂「鼓萬物」，即是一陰一陽而萬物化生；所謂「不與聖人同憂」，即是說一陰一陽鼓動萬物的過程屬自然無爲。在橫渠看來，《繫辭傳》「鼓萬物而不與聖人同憂」的說法，明確在人與天之間做出了區別。這種區別，有多種表現，例如：

　　　有兩則須有感，然天之感有何思慮？莫非自然。聖人則能用感，何謂用感？凡狡猾設施，皆是用感也，作於此化於彼者，皆感之道，聖人神道設教是也。（頁 107）

氣有陰陽，陰陽必然相感，但是這種相感莫非自然；聖人則有神道設教等裁成輔相行爲，這些橫渠稱之爲「用感」。

　　　天則無心，神可以不屈，聖人則豈忘思慮憂患？雖聖亦人爾，焉得遂欲如天之神，庸不害其事？聖人苟不用思慮憂患以經世，則何用聖人？天治自足矣。（頁 189）

天地無心，而聖人則需要經世濟用，故有思慮和憂患。

　　天地鼓萬物而不與聖人同憂，因此橫渠認爲，老子之言「天地不仁」是對的，但是「聖人不仁」的說法則有問題：

　　　老子言「天地不仁以萬物爲芻狗」，此是也，「聖人不仁以百姓爲芻狗」，此則異矣，聖人豈有不仁？所患者不仁也，天地則何意於仁？鼓萬物而已，聖人則仁爾，此其爲能弘道也。（頁 188～189）

　　　聖人所以有憂患者，聖人之仁也，不可以憂言者，天也。蓋聖人成能，所以異於天地。（同上）

天地不仁，是指天地「何意於仁」，即並非有意為仁；聖人之仁，則是有意為仁，故能弘揚天地之道。在橫渠看來，《易・繫辭傳上》所謂「天地設位，聖人成能」，正彰顯出天之無意與人之有意。

橫渠在天與人之間做出分別，蓋有不得已而然。以陰陽之氣解釋人物之生，其說在中國思想史上源遠流長。例如東漢王充認為：「氣也，恬澹無欲無為無事也」（《論衡・自然篇》，人與物都由此氣生出，王充因此指出：「儒者論曰：『天地故生人。』此言妄也。夫天地合氣，人偶自生也。猶夫婦合氣，子則自生也。」「夫天不能故生人，則其生萬物亦不能故也，天地合氣，物偶自生矣。」（《論衡・物勢篇》）天地生人物，沒有目的（「故」）和事先安排；人物之生，則完全是自然發生，偶然出現。由此可見，用氣之流行也解釋天地萬物的發生，必然要接受天為「無意」這一觀點。

但是與之前主張氣化萬物的思想家不同，橫渠對天之「無意」的解釋還有更深一層的意思。在橫渠看來，儘管天沒有聖人一樣的思慮憂患，但是氣分陰陽，陰陽卻有自己的本性。陽主發散，陰主凝聚，從而表現出「健」與「順」；「健」與「順」作為陰陽固有的性質，同樣沒有外來強加的作用，就此而言，橫渠認為，這就可以說是陰陽之「意」：

> 亦不可謂天無意，陽之意健，不爾何以發散和一？陰之性常順，然而地體重濁，不能隨則不能順，少不順即有變矣。有變則有象，如乾健坤順，有此氣則有此象可得而言；若無則直無而已，謂之何而可？是無可得名。（頁231）

「陽之意」表現為「健」，「陰之性」則是「順」，陰陽對舉而言，可見橫渠這裏所說的「意」即是等同於「性」，「性」即等同於「意」。陽之「意」為「健」，即是說陽之「性」為「健」，陰之「性」為「順」，同樣可以理解為陰之「意」為「順」。因此，所謂「亦不可謂天無意」，即是說太虛之氣含「健」、「順」二性，此即是所謂「太虛之氣，陰陽一物也，然而有兩體，健順而已。」

從「天無意」到「不可謂天無意」，橫渠在這裏不自覺的轉換了解釋的視角。前面的「意」，是指人的思慮、憂患等等意識的表現，故所謂「天無意」，實際上是說天無「人之意」，這種解釋顯然是從「人」的視角來說「天」；至於說健順二性也可以說是天之「意」，則這裏的「意」就不是「人之意」，而是陰陽之氣的內在本性。就橫渠脫離了「人之意」而說天之「意」，則我們也可以說他是由「天」的角度來說「天」。從人的角度，「天無意」是指大化流

行自然而然，無有主宰；從天的角度，「天之意」則正顯示出一氣流行不得已而然，「自作」主宰。

正因為橫渠採用了由「天」觀「天」的角度，因此橫渠除了承認「天之意」，也認同了「天地之心」、「天地之情」：

> 《復》言「天地之心」，《咸》、《恒》、《大壯》言「天地之情」。心，內也，其原在內時，則有形見，情則見於事也，故可得而名狀。自《姤》而《剝》，至於上九，其數六也。《剝》之與《復》，不可容線，須臾不復，則乾坤之道息也，故適盡即生，更無先後之次也。此義最大。《臨》卦「至於八月有凶」，此言「七日來復」，何也？剛長之時，豫戒以陰長之事，故言「至於八月有凶」；若復則不可須臾斷，故言「七日」。七日者，晝夜相繼，元無斷續之時也。大抵言「天地之心」者，天地之大德曰生，則以生物為本者，乃天地之心也。地雷見天地之心者，天地之心惟是生物，天地之大德曰生也。雷復於地中，卻是生物。（頁113）

「天地之心」、「天地之情」等說法，實出自《易・象傳》：「復，其見天地之心乎？」（《復》）「咸，感也。……觀其所感，而天地萬物之情可見矣。」（《咸》）「恒，久也。……觀其所恒，而天地萬物之情可見矣。」（《恒》）「大壯，大者壯也；……正大而天地之情可見矣。」（《大壯》）。橫渠指出，太虛之氣不能不聚而為萬物，萬物不能不散而為太虛之氣，天地之間，一氣流行，其間陰陽叠運，動靜不已，首尾相續，萬物得以生生不息。陰陽交感，此從人之視角則是無心無為，此可謂天地無人之「心」，但是從天之視角來看，天地設位而萬物化生，何不可謂「天地之心」？橫渠因此對「天地不仁」也有了新的解釋：

> 天本無心，及其生成萬物，則須歸功於天，曰：此天地之仁也。（頁266）

橫渠提倡讀經典不能以文害辭（「觀書不當以文害辭」），主要即是針對《易傳》中關於「天地之心」、「天地之情」等等的說法。橫渠對這些經典中的詞語的詮釋表明，他的氣化學說在一氣流行的過程中體現出了儒家傳統中的價值觀念；因此橫渠之氣論，就不僅僅是一種針對現實世界的合理解釋，更主要的是體現了儒學傳統中的人文關懷，橫渠云：

> 神，天德，化，天道。德，其體，道，其用，一於氣而已。（頁15）

《易・繫辭傳》說「天之大德曰生」，神兼體陰陽，鼓動天下而萬物化生，故而名之「天德」；化為一氣流行的實際過程，「由氣化有道之名」，故化為天道。既然天德與天道都是「一於氣」，可見橫渠之氣確實是溝通了事實與價值，這與程朱一派以氣為形而下的用法差別是顯而易見的。以此，勞思光先生認為，橫渠神化之說，具有溝通形上學與價值論的意義，可知橫渠之氣的用法，確與朱子以氣為形而下的用法大異。〔註26〕

《易・說卦傳》云「乾，健也；坤，順也」，陽之「意」健，即是說陽之性為乾；陰之性為順，則是指陰之性為坤。陰陽是從事實、實際、實在角度來說的，乾坤則就健順二性而說，因此可以說是從氣之作用來建立的。由此橫渠認為：

> 陰陽言其實，乾坤言其用，如言剛柔也。乾坤則所包者廣。（頁177）

乾坤猶如剛柔，都是就氣之「用」的角度來說的，陰陽乾坤都是對氣性的描述，但是橫渠認為，乾坤則內含更為廣泛。案《易・說卦傳》，乾為天，坤為地，故天地之生物大德，實即為乾坤生物之大德。又據《易・繫辭傳上》：「乾坤，其易之縕邪？乾坤成列，而易立乎其中矣。乾坤毀，則無以見易。易不可見，則乾坤或幾乎息矣。」可見乾坤即是生生之易的門戶。因此，陰陽偏重於事實角度，乾坤更反映出了「一於氣」的「道」與「德」之價值意義，這正是橫渠「所包者廣」的著意所在。

由此我們可以說，氣以陰陽名，則可凸現出大化流行之整體表現自然而然。就此，則可謂天地無心，天地無意，天地不仁，天地無情；若以乾坤言，則可表現出大化流行之過程不得不然，就此也可以說是「天地之心」，「天地之意」，「天地之仁」，「天地之情」。故此，神化之體用關係與虛氣之體用關係，都是「一於氣」。兩相比較而言，氣之兼體偏重於陰陽層面，而神之兼體則多重於乾坤角度而說。套用橫渠的說法，則我們也可以說，神則「所包者廣」。

五、小結

橫渠之神為合陰陽而不測，以其合一，故兼體而無形；以其不測，故有無窮作用，是以橫渠認為「神無形而有用」（頁183）。依據橫渠神化不二的理論，化不離乎神，而沒有大化流行之用，神亦無從而顯。我們在前面的討論

〔註26〕勞思光：《新編中國哲學史》（3上），頁178。

中已經明瞭，無形之神雖然是大化流行的鼓動者，然而卻非別有一物，故橫渠「一故神、兩故化」的說法，正表明神之「一」須從化之「二」處才可以得到說明。從此而言，則橫渠之神，同樣沒有一個邏輯在先的地位。

所謂太虛與神都沒有一個邏輯在先的地位，乃是特指其需要通過流行發用之過程方可得到說明而言，這正是橫渠以過程為中心之思想的體現。按照西方哲學中懷特海之過程哲學，任何類型實存的本質都只有參照它在創造性活動，即在過去——當前——將來的關係性過程中才能得到解釋，因此一切事物都被理解成為由不斷變化、具有時間性結構的關係構成的一個更廣泛的整體領域的一部分。〔註 27〕實際上，虛與神正是在氣之創造性的活動中而得到解釋。然而，在橫渠之體系中，虛與氣（聚散流行之氣）、神與化是雙重界定的關係——虛與神是在氣與化中得到說明，又反過來作為「本」而成為後者的根據所在。橫渠謂「能推本所從來，則深於易者也」，此「推本」即是所謂「本緣實得」，由此而知曉物之「所從來」，則又是「本自虛來」，由此而明白天地之間，惟有一氣生生不已，則可謂「深於易者也」。橫渠之學向來被認為是「無非易學」，其學說可謂由「變易」而至「不易」，再以「不易」而說明「變易」。〔註 28〕

由此，我們可以理解橫渠許多貌似自相矛盾的說法。例如橫渠言，「至靜無感，性之淵源」，而後又說「二端必有感」，「無所不感者虛也」。太虛至靜無感，作為物所不能無感之「性」的淵源，也正需要從「感」之「動」處方能說明。「至靜」並非不動，「無感」實際上是感而遂通，所謂「至虛之實，實而不固；至靜之動，動而不窮」（頁 64），虛實動靜，都是辯證的統一。

橫渠之「神」，為氣之本性，這一本性，並非在氣之外而遍為之體者；橫渠之「化」，為氣之流行，也即氣之發用。如果說，虛氣關係主要是橫渠針對佛老而建立的儒家本體論，那麼神化之說，就是橫渠苦心極力所要捍衛的儒家價值觀。橫渠以一氣運行解釋現實世界，從而同意「天地不仁」的看法，這種自然

〔註 27〕 參見菲利浦・羅斯（Philip Rose）：《懷特海》（On Whitehead），頁 39〜40，李超傑譯，中華書局，2002 年版。

〔註 28〕 前賢論及橫渠之學頗多，如《宋史・張載傳》謂「故其學尊禮貴德，樂天安命，以《易》為宗，以《中庸》為體，以孔孟為法，黜怪妄，辨鬼神。」又黃宗羲《宋元學案・橫渠學案》：「故其學以《易》為宗，以《中庸》為的，以禮為本，以孔孟為極。」王夫之在《張子正蒙注・序》中則如此評價：「張子之學，無非《易》也。」「而張子之言無非《易》，立天、立地、立人，反經研幾，精義存神，以綱維三才，貞生而安死。」

主義的天道觀與道家有密切淵源。橫渠認同於老氏的「天地不仁」，又通過兼體乾坤的「神」與生生不已之「化」，為天地重新確立「道」與「德」，從而再度回歸了「天地之仁」的儒家立場。由此可以說，橫渠是站在儒家的立場上吸收了道家的自然主義，從而實現了自然主義與人文關懷的有機結合。〔註29〕

不過若說到天人分別，這一發揮則來自於《易・繫辭傳》。前人解《易》之時，也多有闡發。例如，侯果注：「聖人成物不能無心，故有憂；神道鼓物，寂然無情，故無憂」。〔註30〕韓康伯注：「聖人雖體道以為用，未能至（全）無以為體，鼓順通天下，則有經營之跡也。」〔註31〕而天人分別之體現於儒家傳統，又並非《易傳》獨有。先秦荀子也提出了「明於天人之分」。荀子認為：「天行有常，不為堯存，不為桀亡。」（《荀子・天論》）天不會因為人怕寒冷而廢除冬季，地也不會因為人對遼闊遙遠有恐懼而縮小它的面積（「天不為人之惡寒也輟冬，地不為人之惡遼遠也輟廣」，同上）。故荀子指出，星墜木鳴等少見的現象，不過是「天地之變，陰陽之化」，這些東西與人世之事並沒有必然的聯繫（「上明而政平，則是雖並世起，無傷也。上暗而政險，則是雖無一至者，無益也」，同上）。是以，荀子所說的天人分別，立足於近人所謂「自然之天」。可見，橫渠之天人分別，固然有取於道家天人體用之學，同時與儒學之固有傳統也有密切關係。〔註32〕

以人觀天，橫渠認為天地無意、天地不仁；以天觀天，橫渠再度認同天地有意，天地之仁。這種不同視角的轉換，並非意味著天人之間的這種分別是「強立之謂也」。在橫渠那裏，「聖人之仁」雖然就表現來看與「天地不仁」非常不同，由此而有天人分別；然而，聖人之仁，從根本上則是來自於天地之仁，而聖人之思慮造作，也是為了達到與天同德。故橫渠認為，雖然天人有別，但是學者必須明白，這一分別，只是「薄乎云爾」。

〔註29〕 參見余敦康：《內聖外王的貫通——北宋易學的現代闡釋》，頁283～286，學林出版社，1997年版。
〔註30〕 （清）李道平：《周易集解纂疏》，頁561，中華書局，1994年版。
〔註31〕 樓宇烈：《王弼集校釋》頁542，中華書局，1980年版。
〔註32〕 余敦康認為，道家由「天地不仁」推出「聖人不仁」，言天未嘗不及於用，言體必達於用；這與儒家言人必上溯與天，言用必歸宗於體一樣，同為天人體用之學。故橫渠之學，其關鍵在於割裂了儒道兩家本身所固有的那種天人體用關係，而以道家的天道觀為體，以儒家的人道觀為用。參見氏著：《內聖外王的貫通——北宋易學的現代闡釋》，頁284～287。

第三章　性與命

　　橫渠之前的元氣一元論，在堅持氣本氣化的基礎上，多半會認同老子「天地不仁」的斷語，此點我們前面已經論及。其實，由於元氣一元論在萬物化生問題上秉持的是一種自然主義式的立場，即是說人物皆爲天地合氣偶然生成，那麼在人物之性與命的問題上，先天的偶然因素同樣有至關重要的作用。例如王充認爲：「操行善惡者，性也；禍福吉凶者，命也。」（《論衡‧命義篇》）品行之善惡賢愚，可謂之「性」；遭遇之禍福吉凶，可謂之「命」。而「氣有多少，故性有賢愚」，（《論衡‧率性篇》）人性之善惡賢愚的不同，主要取決於人生之初稟受的元氣有厚薄多少的不同，由此而有生來就善的人，有生來就惡的人，也有既可以爲善、也可以爲惡的中人。人性是天生的，但是後天的學習、環境對於人性也有作用，尤其對於中人，則更是如此：「夫中人之性，在所習焉。習善則爲善，習惡則爲惡也。」（《論衡‧本性篇》）。至於在人之命，則元氣之最初稟受尤其重要：「人有命……命者，貧富貴賤也。」「則富貴貧賤皆在初稟之時，不在長大之後隨操行而至也。」（《論衡‧命義篇》）

　　性與命既然主要由稟受決定，然而稟受又是天地合氣，人物偶然得以生成，（「天地合氣，人偶自生」、「天地合氣，物偶自生」）則世間各各不同之性與命，豈不是就在偶然間得以決定？也許我們可以說，在性與命問題上，以王充爲代表的早期元氣一元論在先天上是「無定論」，而在後天上則完全是偶定論，此種觀點，乃是從天道觀角度對性與命進行解釋。

　　然而在原始儒家中，早有從「本性」角度對性命問題做出了解釋，這主

要體現在孟子學說中〔註1〕。在孟子看來，人莫不有「惻隱之心」、「羞惡之心」、「辭讓之心」、「是非之心」，此四種天賦之心即是仁、義、禮、智等四種基本道德品質的來源：

> 惻隱之心，仁之端也；羞惡之心，義之端也；辭讓之心，禮之端也；是非之心，智之端也。（《孟子・告子上》）

既然仁、義、禮、智、都是由此四端發展而來，則四端也可以說就是仁、義、禮、智本身，故孟子又說：

> 惻隱之心，仁也；羞惡之心，義也；辭讓之心，禮也；是非之心，智也。（同上）

由此可見仁、義、禮、智是「我固有之」，「非由外鑠我也」（同上）。孟子認為，人性本善，故人皆可以為堯舜。此外孟子還認為：

> 莫之為而為者，天也；莫之致而至者，命也。（《孟子・萬章上》）

> 天所決定之事情，人莫知其所為，而其事必然要成為現實；而人之命則是「莫之致而至者」，同樣屬於人力所不能及的範圍。故此，孟子以為，對於人之命，值得倡導的態度應該是「莫非命也，順受其正」，「夭壽不貳，修身以俟之，所以立命也」（《孟子・盡心上》）。

　　橫渠造道之勇，不僅體現在他把太虛還原成氣，更體現在這種還原之過程中，他把前賢由天道觀和心性論角度對性與命的解釋進行了有機的融合。此種融合，既強調性與命有先天之不容更改，同樣不否認後天努力之無可置疑。故橫渠之性命之學，實有繼承前賢，啟迪後學之作用。

一、感者性之神，性者感之體

　　橫渠關於性命之界說有很多，其在《正蒙・誠明篇》中云：

> 天所自不能已者謂命，不能無感者謂性。（頁22）

此句今本《張載集》（中華書局本）作「天所自不能已者謂命，物所不能無感者謂性」（頁22），增「物所」二字，這是依據《朱子語類》卷九十九：

> 問橫渠言「物所不能無感謂性」此語如何。曰：「有此性自是因物有感。見於君臣父子日用事物當然處皆感也，所謂『感而遂通』是也。此句對了『天所不能自已謂命』，蓋此理自無息止時，晝夜寒暑無一

〔註1〕從「天道觀」與「本性」對性命問題進行解釋的分析，參考了勞思光的觀點，參見氏著：《新編中國哲學史》（3上），頁179。

時停，故『逝者如斯』，而程子謂『與道爲體』。這道理今古晝夜無
須臾息，故曰不能已。」

在《朱子語類》此條之前，還有一條：

問：「橫渠謂『所不能無感者爲性』，性只是理，安能感？恐此言只
可名心否？」曰：「橫渠此言雖未親切，然亦有個模樣。蓋感固是心，
然所以感者，亦是此心中有此理方能感，理便是性。但將此句要來
解性，便未端的。如伊川說『仁者天下之正理』，又曰『仁者天下之
公，善之本也』，將此語來贊詠仁則可，要來正解仁，則未親切。如
義豈不是天下之正理。」

弟子前後請教並轉述橫渠之語，竟然小有出入，這著實耐人尋味。從後一條
來看，弟子對性之能感頗有不明，朱子答曰「未親切」，並引伊川例子以爲橫
渠此語並非定義性爲何物，只可視爲一種說明；而在前一條，朱子則將性與
物連接在一起，而解釋何謂「物所不能無感謂性」。蓋朱子認爲性之本體爲天
理，純然無雜，此性落實於物則受物之氣質影響，故能有感，以此區分，則
再無有「未端的」之處。〔註2〕故《朱子語類》載橫渠之語並增「物所」二字，
與朱門思想本身大有關係。

的確，在橫渠著作中，感之問題主要從天地法象（「物」）方面說：

無我然後得正己之盡，存神然後妙應物之感。「範圍天地之化而不
過」，過則溺於空，淪於靜，既不能存夫神，又不能知夫化矣。（頁
18）

凡物能相感者，鬼神施受之性也；不能感者，鬼神亦體之而化矣。（頁
19）

感亦須待有物，有物則有感，無物則何所感！（頁313）

然而，正如橫渠在《正蒙‧太和篇》所說：「太和所謂道，中涵浮沈、升降、動
靜、相感之性，是生絪縕、相盪、勝負、屈伸之始。」太和之道已經內含「相
感之性」。感不僅僅是從「物」角度說，也可以從「天」之角度說，橫渠言：

天能謂性，人謀謂能。（頁21）

由太虛有天之名，所謂「天能」，即是太虛之氣「不能不」聚而爲萬物，萬物
「不能不」散而爲太虛之氣；「天大無外，其爲感者絪縕二端而已」，此「不

〔註2〕朱子之性說，參見陳來：《朱子哲學研究》，頁194～212。

能不」，即是陰陽二端之交感不已。由此可見，在橫渠那裏，天所不能無感者亦可謂性，如朱子之關於「性」的「正解」，恐怕不能完全視爲橫渠本意。

感亦可從天而言，故橫渠既承認有君子之「所性」：

> 「不識不知，順帝之則」，有思慮知識，則喪其天矣。君子所性，與天地同流異行而已焉。（頁 23）

也認爲有天之「所性」：

> 天包載萬物於內，所感所性，乾坤、陰陽二端而已，無內外之合，無耳目之引取，與人物蕆然異矣。人能盡性知天，不爲蕆然起見則幾矣。（頁 63）

「所性」一詞出自《孟子・盡心上》：「廣土衆民，君子欲之，所樂不存焉。中天下而立，定四海之民，君子樂之，所性不存焉。君子所性，雖大行不加焉，雖窮居不損焉，分定故也。君子所性，仁義禮智根於心。其生色也，睟然見於面、盎於背。施於四體，四體不言而喻。」孟子所說的「君子所性」，即是孫疏所謂人之「稟天性」〔註3〕，即是人生來稟受之仁義禮智四端，故亦可謂人之性。「所」字突出的是稟受之意義，則「所性」本來只能指人而言；橫渠就天之角度用「所性」一詞，這種措辭在伊川看來恐怕也是「不能無過」〔註4〕。但是橫渠言天之「所性」，其意在於強調天之性不過乾坤陰陽，而不是說天之性也有所稟受。橫渠云：

> 天性，乾坤、陰陽也，二端故有感，本一故能合。天地生萬物，所受雖不同，皆無須臾之不感，所謂性即天道也。（頁 63）

「天之所性」即是「天性」。我們前面已經說過，氣有陰陽，而陰陽亦各有其性，陽之性爲健，陰之性常順。乾健坤順，故氣之性即合陰陽、乾坤而言，這是「天性，乾坤、陰陽也」說法的源頭處。天性不過乾坤陰陽，但是天性不是指乾坤與陰陽本身，而是在乾坤、陰陽感通聚結、流行發育過程中表現出來的整體之「一」。

就「天性，乾坤、陰陽也」這樣的表述而言，我們前面討論過的「神」、「道」諸概念，也是包含乾坤陰陽在內的整體之「一」，故我們同樣可以引申

〔註3〕《孟子注疏》（孫奭疏），《十三經注疏》本，頁 2766，中華書局，1980 年版。

〔註4〕伊川《答橫渠先生書》謂：「觀吾叔之見，至正而謹嚴，如『虛無即氣則無無』之語，深探遠賾，豈後世學者所嘗慮及也。（然此語未能無過）余所論以大概氣象言之，則有苦心極力之象，而無寬裕溫厚之氣，非明睿所照而考索至此，故意屢偏而言多窒，小出入時有之。」見二程《文集》。

出諸如「神，乾坤、陰陽二端而已」，「天道，乾坤、陰陽二端而已」等表述。
事實上，在橫渠看來，不僅「性即天道」，「神」、「道」、「性」三者也是一個
東西，可以互相發明：

> 感者性之神，性者感之體。（在天在人，其究一也。）惟屈伸、動靜、
> 終始之能一也，故所以妙萬物而謂之神，通萬物而謂之道，體萬物
> 而謂之性。（頁 63～64）

所謂「感者性之神，性者感之體」，即是認為「感」乃是性的神妙功用，而「性」
則是感的本然之體。這一表述，實際上也是《正蒙·太和篇》所謂「至靜無
感，性之淵源；有識有知，物交之客感」（頁 7）所要表達的意思。橫渠認為，
太虛之氣是至靜無感，而聚散之氣則是百感紛紜；至靜無感是「性之淵源」，
即性之所由來，而「有識有知」則不過是物交之「客感」。太虛之氣至靜無感
的狀態並非絕對不動，而是內含了「浮沈、升降、動靜、相感之性」，故可謂
靜中有動；由此而有「絪縕、相盪、勝負、屈伸之始」，即是呈現出動中有靜
之態勢。由此可見，「感者性之神，性者感之體」的說法，實即是橫渠氣之本
然與非本然狀態區分的應有之義。

按照我們現在的理解，所謂「惟屈伸、動靜、終始之能一」，如果綜合的
說，此「一」實際上可視為氣化流行之整體過程，或者說從實體角度考慮則
此「一」可歸結為氣；如果分解的說，則有多種表現：著眼於過程之內在運
行機制角度，此「一」體現為「神」；從過程之外在聚散表現角度，此「一」
可體現為「道」；從過程之變動、複雜、多樣化角度，則此「一」即可從「性」
方面加以界說——此即所謂「所以妙萬物而謂之神，通萬物而謂之道，體萬
物而謂之性」。「體萬物」即萬物以之為體，橫渠言「未嘗無之謂體，體之謂
性」（頁 10），即是說，氣之無形太虛狀態是「未嘗無」，萬物以此「未嘗無」
之太虛狀態作為自己之體性，此即是所謂「性」。

「體萬物而謂之性」的說法偏重於從源頭上說，若從天地萬物角度而言，
則萬物各以此「未嘗無」之太虛狀態作為自己之體性。前者可稱為「天性」，
則後者或可稱之為「物性」，至於二者之關係，自然是「其實一物」：

> 天性在人，正猶水性之在冰，凝釋雖異，為物一也；受光有小大、
> 昏明，其照納不二也。（頁 23）

天性即是上所謂「天之所性」，「君子所性」，即是所謂「天性在人」。橫渠認
為，人之性與天之性是「為物一也」，都是一樣的，這正如水之性與冰之性相

同類似，又如日光照耀之下的各種物體，它們承受的光線有多有少，故日光照射其上表現的有昏有明，但是它們所承受的光都是來自太陽。

橫渠在這用了冰水與日光兩個比喻來說明「天性在人」，仔細分析起來，這兩個比喻各有側重。冰水可以說是本質一樣，而表現形式不同，故正可說明天性與「君子所性」同為一物；而日光之說，則說明其照耀下的物體有一個共同的光源，其受光可多可少，故而可以用來說明人性之萬殊而一本。由此，橫渠對性之界說，分成了兩個部分，一個是本然之天性，一個「受光有小大、昏明」之後呈現出的性。這兩種界說綜合起來，「性」之名得以即得以成立，此即是「合虛與氣，有性之名」。

二、合虛與氣，有性之名

橫渠云：

> 由太虛，有天之名；由氣化，有道之名；合虛與氣，有性之名；合性與知覺，有心之名。（頁9）

太虛即是「天」，氣化之過程即是「道」，虛與氣相合而有「性」，性與知覺相合而有「心」。由此，在橫渠哲學「天」、「道」、「性」、「心」的邏輯結構中，「性」之問題在「天」與「道」之後得到凸現。

對於橫渠之所謂性為「合虛與氣」之說，早有人提出質疑。從天道觀的角度，太虛本身即是氣之本然狀態，則「合虛與氣」，豈非就成了「合氣與氣」？故馮友蘭先生早在二十世紀30年代，即認為橫渠此說與其宇宙論有不融洽的地方。〔註5〕不過若從氣分廣義狹義角度理解，則如果此處之氣乃是狹義意義上的聚散之氣，則橫渠之意即是說合氣之本然狀態（虛）與非本然狀態（氣），而有「性」之名。在橫渠看來，「湛一，氣之本；攻取，氣之欲。」攻取，實即屈伸，太虛之氣湛一無形，而聚散之氣則屈伸、攻取百塗；湛一無形是氣之本性，而屈伸攻取則氣之自然作用（或曰「屬性」〔註6〕）。則「合虛與氣」

〔註5〕馮友蘭認為：太虛為天，故氣之外別無所謂天，從宇宙論角度，橫渠為一元論；但是太虛既然是氣之本體，則所謂性為「合虛與氣」，豈不是等於說「合氣與氣」？故在講「性」時，橫渠有時不自覺的轉入二元論。參見氏著：《中國哲學史》（兩卷本）下冊，頁234，華東師範大學出版社，2000年版。

〔註6〕陳來認為，「湛一」為氣之本性，而「攻取」為氣之自然屬性，參見氏著：《宋明理學》，頁67。屬性之說頗為精當，考慮到橫渠之虛氣體用說，筆者在這使用了「作用」一詞。

之性，乃是氣之湛一本性通過氣之屈伸攻取變化之過程後，於形而下事物中之具體體現。是以橫渠此論也可自圓其說。

　　天地之氣是參和不偏的，但是氣聚而成之物，則有剛柔之別、緩急之異與才不才之分，這是因為聚成各物之氣有所偏重而造成的。橫渠云：

　　　　氣質猶人言性氣，氣有剛柔、緩速、清濁之氣也，質，才也。氣質
　　　　是一物，若草木之生亦可言氣質。（頁 281）

「氣質」即是氣之陰陽交感而表現出來的才質，可說是氣之屈伸攻取（即所謂「攻取之性」）的結果。由「湛一無形」到具體之「氣質」，這是因為氣之湛一本性必須通過氣之流行作用而得到表現。太虛之氣本來是總剛柔、合緩速、兼清濁，但是表現為氣之才質，則有剛柔之別、緩急之異與才不才之分（即偏於剛柔、緩速、才與不才）。氣之湛一之性，通過氣之屈伸攻取而得到表現之時，雖然會有「小大、昏明」之異，但是這不是說氣之湛一本性會受氣之作用的影響：

　　　　天所性者通極於道，氣之昏明不足以蔽之。（頁 21）

「氣之昏明」，即是氣之攻取作用，由氣之攻取作用而造成太虛湛一本性之表現有多有少，故謂之「昏明」；「天所性者」，即是合乾坤陰陽之氣之湛一本性，雖然有氣之攻取作用的影響，但是氣之湛一本性本身不會變化依然如此，所以天性是「通極於道」、「氣之昏明不足以蔽之」。

　　「草木之生亦可言氣質」，因此在「性」問題上，橫渠似乎沒有迴避「物性」的問題。在他看來，「凡物莫不有是性」，故橫渠本人也有「物性」的用法：

　　　　存文王，則知天載之神，存眾人，則知物性之神。（頁 15）

不過，這裏舉周文王與眾人為例，可見橫渠此處之「物性」，主要還是從人性角度說。實際上，在橫渠著作中，「物性」之提法僅此一見，而此處還指「人性」，可知雖然從理論上我們可以說橫渠之性有「天性」與「物性」的區分，但是實際其性論主要還是為了探討人性的問題，此所謂「言性已是近人言也」（頁 235）之意。

　　在橫渠看來，人雖然同樣為氣聚氣散之產物，但是與其他事物相比，人乃是得天地之最秀者：

　　　　凡物莫不有是性，由通閉開塞，所以有人物之別，由蔽有厚薄，故
　　　　有智愚之別。塞者牢不可開，厚者可以開而開之也難，薄者開之也
　　　　易，開則達於天道，與聖人一。（頁 341）

此處橫渠籠統認為由蔽塞與開通的程度不同而形成了人與物以及智與愚的差別，仔細分殊，橫渠之意，正如其弟子呂大臨所謂：「蔽有淺深，故為昏明，蔽有開塞，故為人物。」〔註7〕人與物之別，乃是天之性「開」和「塞」的問題。如果單純講「物性」，則既包括萬物之性，也包括人之性，由此人與物之區別不能得到強調，而人也有與物混同的危險。橫渠曾痛批告子之「生之謂性」說，認為其錯誤之一就是「人與物等」：

> 以生為性，既不通晝夜之道，且人與物等，故告子之妄不可不詆。（頁22）

告子「生之謂性」說出自《孟子‧告子上》，其意指人生來具有的自然之資質即是所謂「性」，孟子反駁說，依照告子的這種邏輯，那麼人之性豈不是等同於犬、牛、羊之性了？橫渠之批評即是直接繼承孟子之反駁而來，而將告子之妄歸結為「人與物等」。

橫渠不贊成「生之謂性」，這是因為在他看來，性既然是氣之太虛湛一本性通過氣之屈伸攻取過程而得以表現，則性既有其本然，亦有其具體體現。故橫渠提出了「天地之性」與「氣質之性」的區別：

> 形而後有氣質之性，善反之則天地之性存焉。故氣質之性，君子有弗性者焉。（頁23）

「形而後」即是指氣聚而有形之後。來自於氣之湛一本性而有的性，乃是性之本然，橫渠又稱之為「天地之性」；氣聚有形而為人，此時之人性，則是經氣之攻取而得以表現，橫渠稱為「氣質之性」。氣質之性實際上就是「天性在人」，即是氣之湛一本性經過氣之異同攻取而表現出來的現實的人性，橫渠認為，氣質之性是不完善的，它必須返歸與天地之性，故這種性嚴格說來不能說是性。這裏需要指出，從寬泛的意義上來說，所有還沒有「善反」成天地之性的性，都是氣質之性；然而既然氣質之性要經歷一個善反的過程，則氣質之性本身就不是人一生下來就已經決定且不可變易的。故而，對於具體的某一個人而言，則氣質之性就處在一個動態的「待成」的狀態中。

由此可見，橫渠強調天地之性，一個理由是為了說明人人都具有相同的人性；而其揭示出氣質之性，則除了以此說明人與人、人與物之間的差別，更希望藉此說明人之後天修養的必要：

〔註7〕橫渠此條以及呂大臨之注解，均出自《朱子語類》卷九十八，後人將之編入《張子語錄‧後錄下》。朱子以此評論說：「此段（橫渠『凡物莫不有是性一語』）不如呂與叔分別得分曉。」

大凡寬褊者是所稟之氣也，氣者自萬物散殊時各有所得之氣，習者自胎胞中以至於嬰孩時皆是習也。及其長而有所立，自所學者方謂之學，性則分明在外，故曰氣其一物爾。氣者在性學之間，性猶有氣之惡者爲病，氣又有習以害之，此所以要鞭闢至於齊，強學以勝其氣習。其間則更有緩急精粗，則是人之性雖同，氣則有異。天下無兩物一般，是以不同。孔子曰：「性相近也，習相遠也」，性則寬褊昏明名不得，是性莫不同也，至於習之異斯遠矣。雖則氣稟之褊者，未至於成性時則暫或有暴發，然而所學則卻是正，當其如此，則漸寬容，苟志於學則可以勝其氣與習，此所以褊不害於明也。（頁 329～330）

「褊」即是「偏」。「性則寬褊昏明名不得」，太虛之氣本來是參和不偏，故天地之性無所謂寬褊、昏明，這是人人皆具有的性，故莫不相同。橫渠認爲，眞正知曉性之究極的人，就會知道天地之性才是人性之所從來，人人莫不如此，即是說「是性莫不同」；而氣質之性作爲人生所稟受之剛柔、緩急、才不才等性質，實際上與天地之性之純然湛一是有距離的，故而氣質之性造成了現實中人人各有差別，此謂「人之性雖同，氣則有異」（此處之「氣」，即是氣質之性〔註 8〕）。由於氣稟有偏，在加上有可能受「習」的影響，故人之天地之性晦暗不明，此時人就需要通過「強學以勝其氣習」，變化氣質，以反本「成性」。至於橫渠「成性」之具體節目，我們留待下章討論。

　　在中國古代思想史上，人性善惡問題始終是一個爭論不休的問題，橫渠之論性，也不能不涉及這一問題。在此問題上，橫渠有兩個觀點，其一即是「性無不善」：

性於人無不善，繫其善反不善反而已。（頁 22）

此處之性，當指天地之性。橫渠的另一個觀點是「性未成則善惡混」：

性未成則善惡混，故亹亹而繼善者斯爲善矣。惡盡去則善因以成，故舍曰善而曰「成之者性也」。（頁 23）

橫渠此說是解釋《易・繫辭傳》「繼之者善也，成之者性也」一句。天地之性無不善，「性未成」即是現實中人性尚未能善反而至於天地之性，橫渠認爲，此性是善惡相混。橫渠在這裏提到了兩種「善」：一種是「繼善」之「善」，「善」

〔註 8〕陳來認爲，橫渠常把氣質之性簡稱爲「氣」，參見氏著：《宋明理學》，頁 67～68。此論頗精，例如橫渠謂「性通極於無，氣其一物爾」，此處之「氣」也是指氣質之性。

被作爲一種目標來加以追求，即「繼」之動作所要追求的目標；另外一種則是指繼善去惡的行爲本身，即體現了「善」。很明顯，前面一種作爲目標來追求的「善」，即是橫渠所謂的天地之性，也即至善之性；而後一種善，即是指現實中人通過爲善去惡的行爲而表現出性之善。人不斷地爲善去惡，最後復歸於至善之性，此則是純善無惡，故已不用說善，而徑直謂成性矣。

成性的關鍵是「亹亹而繼善者斯爲善」。在對此進一步加以分析之前，我們認爲應該需要澄清一個觀點，即橫渠之所謂氣稟，似乎不能直接認爲有善惡的區分。〔註9〕橫渠說過「性猶有氣之惡者爲病」，然而此處之「惡」乃是指氣質之較差者。橫渠經常以氣質之「美惡」相提並論：

地美則採色不變，地氣惡則色變矣。（頁299）

「地美」即是「地氣美」，地氣之美惡，即是說地氣之好與差。又如：

人之氣質美惡與貴賤夭壽之理，皆是所受定分。（頁266）

學者不論天資美惡，亦不專在勤苦，但觀其趣向著心處如何。（頁286）

有志於學者，都更不論氣之美惡，只看志如何。（頁321）

這裏說的更明顯，氣質之美惡，乃是氣稟之「所受定分」。在橫渠那裏，氣稟之「所受定分」，可歸結爲兩種情況，即「寬」與「褊」（「偏」）：稟之寬，即是得太虛湛一本性之爲多，故可稱之爲氣之「美」；稟之偏，即得太虛湛一之性爲少，故可稱之爲氣之「惡」者。顯然，橫渠之論氣稟，多從美惡角度加以說明，意在指氣稟之多少；雖然他承認氣稟爲偏是「病」，但這與程明道「人生氣稟，理有善惡」〔註10〕之說，當然有所差別。

橫渠還提到所謂「愛惡之情」：

故愛惡之情同出於太虛，而卒歸於物欲。（頁10）

爻有攻取愛惡，本情素動，因生吉凶悔吝而不可變者，乃所謂「吉凶以情遷」者也。（頁54）

但是上述「愛惡」，實際上即是氣之攻取屈伸，本身也無所謂孰善孰惡的說法。

事實上，橫渠明確提到的，是「習有善惡」：

〔註9〕 認爲橫渠氣稟有善惡的觀點，參見侯外廬主編：《宋明理學史》上卷，頁110～111。

〔註10〕 《遺書》卷一。明道之意即是說，人生氣稟之初，即已經分出氣稟之善與氣稟之惡來了。

　　　　學與教皆學也，惟其受教即是學也，只是長而學，庸有不待教習便
　　　　謂之學？只習有善惡。（頁 330）

孔子說「性相近，習相遠」，「習」即是後天之習染〔註 11〕。橫渠對此解釋說
「是性莫不同也，至於習之異斯遠矣」，就是說，人性莫不相同，但是由於人
之後天染習之不同，結果使得人性之表現大有差異。橫渠所謂「習」，概而言
之可總指人之各種行為，故有「玩習」（「玩，玩習也，每讀則每有益，所以
可樂」，頁 180）、「乘習」（「魯禮文闕失，不以仲尼正之，如有馬者不借人以
乘習」，頁 41）等說法；但主要還是指人之慣常性的做法，故有「習久風變」
（頁 355）、「緣舊於習心」（頁 20）等說法。

　　我們知道，橫渠認為「天性」是「乾坤、陰陽」，而人性則是「天性在人」，
天性之湛一本性受氣之攻取過程影響，而導致現實的人性有「昏」有「明」。既
然氣稟本無善惡可言，但是橫渠又明言「性未成則善惡混」，則又明白地表示出
現實中的人性是有善有惡的，這又是什麼原因？其關鍵即在於「只習有善惡」。

　　在橫渠看來，天地之性是性之本然狀態，而氣質之性則是受氣之攻取而
造成的性之「昏」「明」狀態，那麼，正如氣之非本然狀態（聚散之氣）一定
要復歸於氣之本然狀態（太虛之氣）一樣，性之「昏明」狀態也必須向性之
本然狀態復歸。然而正如天人之別所指出的一樣，天道運行是無思無為，但
是人道則有思慮憂患，天之運行乃不得不然，但是人之行為卻有個人考慮，
可不必盡然。所以現實之中，有人可以通過自己的努力，「亹亹而繼善者」，
則於此可表現出人性之本然，故為善；也有人朝著這個過程的反方向走，此
則使得人性之本然狀態無從得以表現，此則為惡。

　　這一意思，在橫渠關於「上達」與「下達」的用法中體現的更為明顯：

　　　　上達反天理，下達徇人欲者與！（頁 22）

「徇，從也，營也。」〔註 12〕「徇人欲」即是受人欲左右或主動謀求人欲。
據《論語・憲問》載孔子語，謂「君子上達，小人下達」，上達與下達乃是區
分君子小人的一個標準。在橫渠看來，所謂「上達」，即是反歸於天理之大，
而所謂「下達」，則是孜孜專以人欲為事。橫渠在論氣之攻取之性時，曾謂「口
腹於飲食，鼻舌於臭味，皆攻取之性也」（頁 22），即是說，氣凝聚成口腹，

────────────

〔註 11〕此處採用楊伯峻解釋，參見氏著：《論語譯注》頁 181，中華書局，1980 年版。
〔註 12〕《漢書・司馬遷傳》：「常思奮不顧身以徇國家之急。」顏師古曰：「徇，從也，
　　　　營也。」

自然需要飲食，氣凝聚成鼻舌，自然需要聞味道、嘗味道；口腹之於飲食，鼻舌之於臭味，乃氣之屈伸的自然結果，亦即氣之自然屬性。既然是氣之自然屬性，則這些欲望本身就是正常的，所謂「飲食男女皆性也，是烏可滅？」（頁 63）但是「徇人欲」則是「嗜欲」，即指不知節制人之自然欲望，此種行為，則是以小害大，以末喪本，所謂「知德者屬厭而已，不以嗜欲累其心，不以小害大、末喪本焉爾。」（頁 22）。橫渠指出，窮人欲，就是把自己混同於萬物，「窮人欲如專顧影間，區區於一物之中爾」（頁 26），即失去了人之所以為人之靈性。

「形而後有氣質之性」，從根本上說，人都是形而後的；因此現實之中表現出來的人性，都是氣質之性。氣質之性首先表現出來的，是剛柔緩速、飲食男女等自然屬性，這些自然是沒有善惡區分的。但是，個人之氣質之性並非是靜態的，不動的，它總是處在「待成」的狀態中；人如果放任氣質，縱欲累心，則人性本來的面目——天地之性將更加晦澀不明，而氣質之性離其「成性」（成天地之性）的目標愈發遙遠，這就是「下達」，這也就是以氣質之性戕害天地之性，故為惡；反之，人若知氣質之性並非真正意義上的性，而自覺節制自己的自然欲望，變化氣質以求返歸天地之性，則氣質之性離其「成性」（成天地之性）的目標愈來愈近，這就是「上達」，故為善。

總的說來，橫渠所謂「性未成則善惡混」，意在突出人之性因為「習」之行為而表現出「性」之善與惡，更表現出橫渠寄希望於學者「強學以勝其氣習」的良苦用心。

既然「性未成則善惡混」，那麼橫渠之強調後天習染，豈非與告子「生之謂性」說暗通款曲？的確，就橫渠對「氣質」之界說，則人之分剛柔、緩急、才與不才，都是在氣稟之時有所偏重而造成的（「人之剛柔、緩急、有才與不才，氣之偏也」，頁 23），則可知人之生來，即已經部分定型。即是說，個人稟受的氣之湛一本性，因就氣之攻取而造成的昏明情況已經有所不同，故人之形而後的氣質之性，從某種程度來說，其昏其明之程度，在人剛生出來就已經決定了。如此，則「生之謂性」就不是一點道理都沒有。另外，就告子所舉的杞柳與湍水的例子——杞柳要方則方，要圓則圓；湍水決諸東方則東流，決諸西方則西流，拋開告子講人性等同與物之性這一點，而從現實中之人性本沒有善與不善之區分，因後天之薰陶，才會有善惡之別角度，則此說與橫渠強調「只習有善惡」之說也有相近之處。

　　然而橫渠之性善惡混論與告子之性無善惡論之最大不同，即在於橫渠以天地之性爲人性之基礎，強調「成性」，氣質之性爲暫時狀態，須變化氣質。由此，則人之行爲始終有一個朝上的目標（天地之性），始終有一個明確的方向。成性即是要使得後天之性的「昏明」情況回覆到純然湛一的性之先天本然狀態。從這意義上講，橫渠之性論，正是繼承中唐李翱而來的「復性」學說。「成性」之過程，是從昏到明的轉變，從蔽到通的轉變，從形而下到形而上的轉變。學者若知「成性」之說，則必然對大化流行本身體認甚深，即所謂「不見易則不識造化，不識造化則不知性命，既不識造化，則將何謂之性命也？」（頁 206）；而告子之說，則根本沒有這種體認的基礎，是以橫渠不僅批評告子之說是「人與物等」，同時也嚴厲批評他是「不通晝夜之道」。

　　橫渠成性之說，要求通過人之繼善去惡行爲而復其本然之性；而「強學以勝其氣習」的過程，也是減少聚散之氣的「昏明」對太虛之氣的「湛一」的遮蔽的過程。從某種意義上說，人之從氣質之性而善反至於天地之性的過程，也可視爲擴充人性本有之至善天性而推至其極的過程。此種觀點，顯然與孟子有密切的關係。孟子認爲，性有仁義禮智四端故無不善，橫渠接受了這一說法：

　　　　仁義禮智，人之道也。（自注：亦可謂性。）（頁 324）

按照「天性，乾坤、陰陽也」的說法，在此乾坤成列、陰陽交感過程中如何體現處天性本有仁義理智四端，就成了一個橫渠不能不解決的問題。第二章我們說過，從天人之別來說，橫渠認爲天雖然是「何意於仁」，但是天地生物不已，正是人道之「大仁」，是人道之「仁」所能達到的極至。其實在義、禮、智等方面，橫渠也抱有同樣的看法。例如，橫渠認爲「陰陽兩端循環不已者，立天地之大義」（頁 16），「天地之大義」並非如人一樣是出於思慮忖度，然而陰陽兩端屈伸無方卻能「公天下之利」（頁 50），非「大義」而何？再如，關於禮，通常認爲出於人，但是橫渠指出，「禮不必皆出於人」，因爲即使天地之間沒有人之存在，但是「天地之禮自然而有」，天之生物有小大尊卑之象，這就是所謂天秩天序，人順此秩序方有所謂人之禮（頁 193）。凡此種種，一個從天道觀角度可能做出的解釋是，橫渠是以「沒有目的的合乎目的性」的方式來解決這一問題的，即天地之氣無人之思慮，但是其之自然流行，恰恰合乎人之思慮忖度所要達到的目的。之所以如此，是因爲天乃參和不偏混然

一氣，是「大全」〔註13〕，故能無所不包；而人則爲此「大全」之中的部分，其所作作爲，自然來源於這一「大全」，並以之爲準的。

三、命稟同於性，遇乃適然焉

橫渠屢屢以性命並提，故其命說乃是與性說緊密聯繫在一起的。

在橫渠看來，討論命之時，須首先區分「命」與「遇」：

> 人一己百，人十己千，如此不至者，猶難罪性，語氣可也；同行報異，猶難語命，語遇可也。氣與遇，性與命，切近矣，猶未易言也。
> （頁322）

《中庸》謂「人一能之己百之，人十能之己千之」，意指人應該比別人更勤奮努力〔註14〕，然而如此努力而仍然不能達至自己的理想結果，這恐怕不能從「性」（橫渠此處應該指的是天地之性）上找原因，而應該從氣質（即氣質之性）方面找原因；一樣的行爲而產生了不一樣的結果，這恐怕也不能說是「命」的問題，只能說是所「遇」不同。氣與遇、性與命，十分切近，但是卻不容易說的清楚。

「遇」者，《說文》：「遇，逢也。」其原始意義，即指不期而遇，從而引申爲遭受、遭遇。〔註15〕橫渠所謂「遇」，首先指人生於世所乘之勢與所遇之機：

> 「子欲居九夷」，不遇於中國，庶遇於九夷，中國之陋爲可知。（頁42）

> 能使天下悅且通，則天下必歸焉；不歸焉者，所乘所遇之不同，如仲尼與繼世之君也。（頁23）

孔子之大才，「能使天下悅且通」，按理說天下必歸之，然而孔子甚至因其道不行，而興起了離中國而赴九夷的念頭，此即是孔子與當時之繼世之君所乘之勢與所遇之機不同之故。在這裏，「能使天下悅且通」，可謂「同行」；然而有天下歸之與不歸的區別，此則爲「報異」，這種情況就屬於「猶難語命，語遇可也」。

〔註13〕 「大全」是馮友蘭先生「新理學」體系中的概念，馮先生認爲：「大全就是一切底有」。此處借用，意在說明混然一氣無所不包。

〔註14〕 孔疏：「『人一能之己百之，人十能之己千之』者，謂他人性識聰敏，一學則能知之；己當百倍用功而學使能知之。言己加心精勤之多恒百倍於他人也。」《禮記正義》，《十三經注疏》本，頁1632。

〔註15〕 參見《王力古漢語詞典》，頁1447，中華書局，2000年版。

關於「同行報異」，橫渠還有另外的表達：

> 富貴貧賤皆命也。今有人，均爲勤苦，有富貴者，有終身窮餓者，
> 其富貴者只是幸會也。求而有不得，則是求無益於得也。道義則不
> 可言命，是求在我者也。（頁374）

孟子說「『求則得之，捨則失之』，是求有益於得也，求在我者也。『求之有道，
得之有命』，是求無益於得也。」（《孟子‧告子下》）富貴者人皆趣之，貧賤
者人皆捨之，橫渠指出，富貴有求而不能得之例子，可知富貴從某種意義上
講是「求而無益於得」（橫渠此處說富貴有求而不得，並沒有否認富貴求而可
得之例子，其說詳下），故富貴貧賤爲人所不能不接受之命；至於道義則人屬
於孟子所謂求則得之不求則失之的東西，取決與主體之人是否努力，故不可
視爲不可更改之命。

　　在這裏，橫渠說富貴貧賤爲「命」，然而就他所舉的例子來說，「均爲勤
苦」即是「同行」，「有富貴者，有終身窮餓者」則是「報異」，按照「同行報
異，猶難語命，語遇可也」的說法，富貴貧賤之「命」，實際上即可以理解爲
橫渠前所謂「遇」。橫渠此種說法，據《論語‧顏淵篇》載子夏語曰：「死生
有命，富貴在天。」邢疏：「言人死生短長則有所稟之命，財富位貴則在天之
所予，君子但當敬慎而無過失。」〔註16〕死生與富貴，這是歷來討論「命」
者所不能繞開的問題。王充認爲即認爲有「死生壽夭之命」，亦有「貴賤貧富
之命」〔註17〕。橫渠對此解釋道：

> 氣之不可變者，獨死生修夭而已。故論死生則曰「有命」，以言其氣
> 也；語富貴則曰「在天」，以言其理也。（頁23）

人之壽命幾何，這是屬於氣稟之時就已經確定了的，所以屬於不可變動的，
故「死生有命」之命，乃是從氣之角度而言。至於富貴，比較複雜。孔子說
「富而可求也，雖執鞭之士，吾亦爲之」（《論語‧述而》），故富貴亦有可求
之道；橫渠解釋說，「不憚卑以求富，求之有可致之道也；然得乃有命，是求
無益於得也」（頁42）。即是說，富貴人皆可求，但是得與不得，則不在人事

〔註16〕邢昺：《論語注疏》，《十三經注疏》本，頁2503。

〔註17〕《論衡‧命祿篇》：「凡人遇偶及遭累害皆由命也。有死生壽夭之命，亦有貴
賤貧富之命。自王公逮庶人、聖賢及下愚，凡有首目之類，含血之屬，莫不
有命。命當貧賤，雖富貴之猶涉禍患矣；命當富貴，雖貧賤之猶逢福善矣」。
王充以此說明「才高行厚，未必保其必富貴；智寡德薄，未可信其必貧賤」
的道理，即是說，富貴貧賤與德行沒有必然聯繫。

範圍，此所謂「富貴之得不得，天也」（頁280）。富貴貧賤為命，又可以理解為「遇」，實際上死生有命之「命」，同樣可以歸結為「遇」。因為人之壽命長短乃是氣稟之時就已經確定了，而在氣聚為人過程中，人氣稟之寬褊，則是適然決定的，按照「遇乃適然爾」的說法，則「死生修夭」也是適然之「遇」。

　　「遇」可謂「命」，「遇」、「不遇」也可以說是「有命」，然而此種「命」，卻不是橫渠關於命的真正界說。在橫渠看來，真正意義上的命，不是與「遇」互相替代，而是與「性」互相發明：

　　　天授於人則為命，（亦可謂性。）人受於天則為性；（亦可謂命。）
　　（頁324）

橫渠此處關於「性」與「命」互置的說法，應該化自《中庸》「天命之謂性」，不過與孟子也有關係〔註18〕。天本無思慮，不可以人之行為附會於天，可知此處「授予」乃是形象地說，並非說天是意志主體；「人受於天」，則是指人之所稟受乃從天而來。實際上，天之所授於人即是人之所受於天，都旨在說明人之稟受淵源有自這一個事實，不過一個從天而言，一個從人而言而已。從天而言，則氣之聚而成人，從而決定了人之所受如何，此為人不能不接受之「命」；從人而言，則人有所受於天，從天之稟受而為自己的「性」。

　　既然橫渠此處之「性」乃是強調從天而來，由此可見，其「性」乃是指性之本然（天地之性）落實到人身上而具有的「性」。故天授予人為命，此則是「天所命者通極於性」：

　　　天所性者通極於道，氣之昏明不足以蔽之；天所命者通極於性，遇
　　之吉凶不足以戕之；不免乎蔽之戕之者，未之學也。性通乎氣之外，
　　命行乎氣之內，氣無內外，假有形而言爾。（頁22）

「氣無內外」者，氣能一有無，無形有形都是氣；如果不得已要說氣有內外之別，則這也是「假有形而言」，即是說，「氣之外」不過是氣之無形狀態，「氣之內」則不過是氣的有形狀態而已。性有天地之性與氣質之性的區分，貫通有無，故為「通乎氣之外」；命則是氣聚而為人方為人所具有，所以是「行乎氣之內」。

〔註18〕《孟子·盡心下》：「口之於味也，目之於色也，耳之於聲也，鼻之於臭也，四肢之於安佚也；性也，有命焉，君子不謂性也。仁之於父子也，義之於君臣也，禮之於賓主也，知之於賢者也，聖人之於天道也；命也，有性焉，君子不謂命也。」其「性也，有命焉」、「命也，有性焉」之說，似乎也認為性與命二者有相通之處。

　　命來源於天地之性，故可謂「稟」於性（天地之性）；命又可與性互置，則即是「同」於性。故橫渠說：

> 性通極於無，氣其一物爾；命稟同於性，遇乃適然焉。（頁 64）

命「遇」有吉凶而「命」則無不正，故橫渠指出，人對待命的正確態度是「順命」：

> 性於人無不善，繫其善反不善反而已，過天地之化，不善反者也；
> 命於人無不正，繫其順與不順而已，行險以僥倖，不順命者也。（頁 22）

正如性從源頭處說無不善一樣，命從源頭處也無不正；然而，人之對於性有反與不反的問題，而人對待其命，則有順與不順的問題。橫渠指出，有的人行走險徑，妄圖僥倖得利，這就不是順命的行為。在橫渠看來，人事之吉凶，有人力所不能移者，人之所為，但當順命而已：

> 篤實輝光，日新而不可掩者，德之修；禍福吉凶，人力所不能移者，命之正。（頁 351）

> 順性命之理，則所謂吉凶，莫非正也；逆理則凶為自取，吉其險幸也。（頁 24）

> 「莫非命也，順受其正」，順性命之理，則得性命之正，滅理窮欲，人為之招也。（同上）

對於禍福吉凶，古人早有探討，例如《詩經‧大雅‧文王》云：「永言配命，自求多福。」《尚書‧太甲》曰：「天作孽，猶可違；自作孽，不可活。」孟子以此認為「禍福無不自己求之者」（《孟子‧公孫丑上》），即是說，人之行為如何決定了結果的吉凶與否。橫渠指出，人事之吉凶，有不得不然者，有「人為之招」者。順「性命之理」，人事可能有吉有凶，然而此等吉凶，淵源有自不得不然，人力所不能改變，則人應該坦然承受；不順此理，人事也可能有吉有凶，若吉則是僥倖得之，若凶則正是人自招災禍。

　　橫渠此處所謂「性命之理」亦須加以說明。在橫渠著作中，「性命之理」多有表現：

> 若陰陽之氣，則循環疊至，聚散相盪，升降相求，絪縕相揉，蓋相兼相制，欲一之而不能，此其所以屈伸無方，運行不息，莫或使之，不曰性命之理，謂之何哉？（頁 12）

> 六爻各盡利而動，所以順陰陽、剛柔、仁義、性命之理也，故曰「六爻之動，三極之道也」』。（頁 49）

> 陰陽、剛柔、仁義，所謂「性命之理」。（頁 235）

「性命之理」來自《易・說卦傳》：「昔者聖人之作易也，將以順性命之理。是以立天之道，曰陰與陽；立地之道，曰柔與剛；立人之道，曰仁與義。」橫渠認為，「性命之理」首先指陰陽之氣相兼相制而莫或使之。前面說過，陰陽皆有「性」——「陽之性」為健，「陰之性」為順；陽主發散，陰主凝聚，這是陰陽之性，亦可謂陰陽之命。故所謂「性命之理」，首先即是即是指陰陽之氣運行之本有規律與理則。這是從總的方面來說的。就一氣流轉而言，有天道、地道、人道之分，此三才之道，又各有其規律與理則——天道陰陽，地道剛柔，人道仁義，它們都是這一性命之理的具體組成，此即是「陰陽、剛柔、仁義，所謂『性命之理』」之義。由性命之理綜合陰陽、剛柔、仁義而言，更可見橫渠之一氣流行，並非僅僅是事實的陳述，更蘊涵儒家道德價值。我們前面說過，橫渠以太虛之氣立本以破佛老之說，乃是基於儒學的基本價值立場，於此我們當有更深體會。

牟宗三先生認為，橫渠論死生與富貴，分別有「言其氣」、「言其理」的說法，可知命有氣命、理命之區分。[註 19] 關於命可從理與氣角度加以區分的說法，並非其首創，早在朱子即已有如此說法：

> 問橫渠說遇。曰：「他便說命，就理說。」曰：「此遇乃是命？」曰：「然。命有二，有理有氣」。曰：「子思天命之謂性是理，孟子是帶氣？」曰：「然。」（《朱子語類》卷九十九）

朱子認為，橫渠之所謂「遇」，也屬於「命」之一種；朱子進一步說，命之義有二，一從理言，如《中庸》「天命之謂性」，一從氣言，如孟子所謂「莫之致而致」為命。朱子未必認為橫渠之命說即已經包括了理命、氣命之區分，不過他借橫渠遇即是命的說法來做「命有二義」說的鋪墊，則也說明橫渠之區分「命」與「遇」，而後又將「遇」重新拉回到「命」之範疇裏面的做法，適足以讓人產生誤解。

我們認為，命有「以氣言」、有「以理言」的說法在橫渠著作中是能找到根據的。《正蒙・誠明篇》中云：「德不勝氣，性命於氣；德勝其氣，性命於

[註 19] 參見牟宗三：《心體與性體》（上），頁 448～454。

德。窮理盡性，則性天德，命天理，氣之不可變者，獨死生修夭而已。故論死生則曰『有命』，以言其氣也；語富貴則曰『在天』，以言其理也。此大德所以必受命，易簡理得而成位乎天地之中也。」（頁 23）死生由氣稟決定，這一點我們已如前說，自可命「以氣言」；橫渠言富貴貧賤為命，此處又說「以言其理」，當然也可以理解成為命「以理言」。但是就此提出「氣命」與「理命」的分別，我們卻是不能同意。在橫渠那裏，理不過是氣之理，即氣聚散攻取所具有之規則（「天地之氣，雖聚散、攻取百塗，然其為理也順而不妄」，頁 7）；橫渠區分了「氣稟當然」與「天理馴致」（「『舜禹有天下而不與焉』者，正謂天理馴致，非氣稟當然，非志意所與也」，頁 23），然而此所謂「氣稟」與「天理」之區分，不過是氣質之性與天地之性區分之表現，而天地之性來源於太虛湛一本性，氣質之性來源於氣之攻取之性，它們都是從屬於廣義範圍內的氣。故命之「以氣言」、「以理言」，歸根結底都可說是「氣命」。

　　橫渠區分「命」與「遇」，亦有其理論淵源。在中國思想史上，「命」之觀念源遠流長。「命」首先出現之意義是指天命，即天之意志。《尚書·商書·西伯戡黎》曰：「嗚呼！我生不有命在天！」《周書·召誥》：「惟王受命，無疆惟休！亦無疆惟恤！」在商周政權的更替過程中，周朝的統治者看到了天命之改變，故提出了「惟命不於常」（《周書·康誥》）的觀點，一方面肯定天命，另一方面又提出「駿命不易」，強調需要人的積極努力。在儒家傳統中，從先秦時期開始，「命」逐漸成為儒家人生哲學的重要範疇。孔子講「不知命，無以為君子」（《論語·堯曰》），但對於命是什麼沒有做出明確的說明；孟子則為「命」做了一個「莫之致而致者」的簡單界說，認為「命」是非人力所能為而竟至於此的一種客觀決定力量；荀子則認為「節遇之謂命」（《荀子·正名》），「節」即「節然」，適然、偶然義，[註20] 荀子認為，人之適然遇上而不可更改的必然歸宿即是「命」。命既然是一種不可抗拒的客觀決定力量，那麼它就具有先天即已經決定之特點。但是，現實中人之認為自己命該如此，則恰恰是通過自己本身之遭遇才會有如此認識。實際上，如果說孟子之「莫非命也」主要是從天之所命角度說的，那麼荀子之「節遇之謂命」則切於人之遭遇而言；由此，孟子和荀子之關於「命」的界說，即有天命與人事的不

[註20]　《荀子·天論》：「楚王後車千乘，非知也；君子啜菽飲水，非愚也。是節然也。」張岱年認為，節然，即是適然，偶然之義。參見氏著《中國古典哲學概念範疇要論》，頁 124，中國社會科學出版社，1987 年 6 月版。

同側重。漢儒立「三命」之說，認為「命」有正命、隨命、遭命之分：正命即是由稟受而自然得吉；隨命是由人之行為不同而有吉凶禍福之不同後果；遭命則是指碰上了極其惡劣的外部環境，此時不管人之行為如何，皆遭遇惡果，故只能以無可奈何的「遭受之命」來稱之。〔註 21〕漢儒「三命」之說，實際上是試圖綜合孟、荀之說，並以此來講述人之德行與命運的關係。不過漢儒的這種綜合似乎並不令人滿意。東漢王充就認為，隨命與遭命是互相矛盾的〔註 22〕；而且，「性自有善惡、命自有吉凶」（《論衡·命義篇》），如此一來，人之德行與命運之間就並無聯繫。〔註 23〕橫渠以「命」與「遇」區別言之，此種說法實際上也是對天道人事有不同側重（朱子認為橫渠關於命與遇之說「說得亦不甚好」，但是也認為遇是從人事言，命是從天道言〔註 24〕）。其所謂「遇」近於漢儒所謂「隨命」、「遭命」；其所謂命，則近於漢儒所謂「正命」。橫渠將適然之「遇」從「命」中劃分出來，認為死生修夭、貴賤貧富不過是「遇」，此則說明死生修夭、貴賤貧富也有其所當然。知乎此，則在面對這些東西時，人能體貼「富貴福澤，將厚吾之生也；貧賤憂戚，庸玉女於成也」之旨，即是說，坦然面對此「遇」，而認識到其非正命所在，學者切不可以此「求無益於得」之物替代了「求之在我」的道義。

四、小結

橫渠措辭，極喜互相發明，例如他說：

〔註 21〕 漢儒「三命」之說有多種說法，如《白虎通義》中之壽命、遭命、隨命，趙岐《孟子章句》中提出的受命、遭命、隨命。參見黃暉《論衡校釋》，頁 50，中華書局，1990 年版。此處採用的是王充在《論衡·命義篇》中引用的說法：「正命，謂本稟之自得吉也。性然骨善，故不假操行以求福而吉自至，故曰正命。」「隨命者，戮力操行而吉福至，縱情施欲而凶禍到，故曰隨命。遭命者，行善得惡，非所冀望，逢遭於外，而得凶禍，故曰遭命。」

〔註 22〕 《論衡·命義篇》：「言隨命則無遭命，言遭命則無隨命，儒者三命之說竟何所定？」

〔註 23〕 《論衡·命祿篇》：「凡人遇偶及遭累害皆由命也。有死生壽夭之命，亦有貴賤貧富之命。自王公逮庶人、聖賢及下愚，凡有首目之類，含血之屬，莫不有命。命當貧賤，雖富貴之猶涉禍患矣；命當富貴，雖貧賤之猶逢福善矣」。王充以此說明「才高行厚，未必保其必富貴；智寡德薄，未可信其必貧賤」的道理，即是說，富貴貧賤與德行沒有必然聯繫。

〔註 24〕 《朱子語類》卷九十九：「橫渠言遇命，命是天命，遇是人事，但說得亦不甚好。」

陰陽者，天之氣也，（自注：亦可謂道。）剛柔緩速，人之氣也。（自
注：亦可謂性。）生成覆幬，天之道也；（自注：亦可謂理。）仁義
禮智，人之道也；（自注：亦可謂性。）損益盈虛，天之理也；（自
注：亦可謂道。）壽天貴賤，人之理也，（自注：亦可謂命。）天授
於人則爲命，（自注：亦可謂性。）人受於天則爲性；（自注：亦可
謂命。）形得之備，（自注：不必盡然。）氣得之偏，（自注：不必
盡然。）道得之同，理得之異。（自注：亦可互見。）此非學造至約
不能區別，故互相發明，貴不碌碌也。（頁 324）

在此，橫渠對道、性、理、命做了一個統而言之的說明，而說明此皆發軔於
氣，可知橫渠對性命之學，不能離氣言之。從我們以上分析可知，「剛柔緩速，
人之氣也。（亦可謂性。）」此處之「性」，乃是指氣質之性；「仁義禮智，人
之道也；（亦可謂性。）」此處之「性」，則指天地之性。橫渠分性爲天地之性
與氣質之性，並以天地之性爲眞正的性，這是因爲其認定「道德性命是長在
不死之物也，己身則死，此則常在」（頁 273），就個體之有死生、而天道恒流
行來說，這一做法在理論上可自圓其說。但是這樣一來，正如陳來先生指出，
太虛之氣作爲人性的根源，它如何轉而爲仁義禮智，不是沒有困難。〔註25〕

橫渠氣稟無善惡、因習而性善惡混的說法，爲其強調道德意識對人之行
爲的統攝作用奠定了一個很好的理論基礎。然而，如果說，人之習染本質上
是氣質用事，從而在上達與下達的行爲之中做出了錯誤的選擇，那麼人之此
類行動，參照西方哲學中的說法，就是來自於人之自由意志，是人之自由意
志導致了人性表現爲善與惡。按照西方源遠流長的「神正論」傳統的看法，
上帝必須通過惡的存在而顯示出它的正義，上帝賦予人之自由意志，就是爲
了通過對人自由意志選擇的結果進行懲罰與獎賞，從而顯現出上帝之公正。〔註
26〕神正論中人之自由意志的最後根據在於上帝，但是在橫渠，人之所以有上
達、下達之不同的根據何在？就橫渠對「習」的用法來說，他似乎認爲「習」
也是來源於氣，例如他說「氣者自萬物散殊時各有所得之氣，習者自胎胞中
以至於嬰孩時皆是習也」（頁 330），然而這實際上也沒有解決問題，因爲氣之
剛柔緩速終究不能直接導致仁義禮智等性。從這一點來說，橫渠天性（氣之

〔註25〕陳來：《宋明理學》頁 69。
〔註26〕此處採用的是基督教早期思想家、「教父哲學」之代表奧古斯丁的觀點，參見
　　　　趙敦華：《西方哲學簡史》，頁 113～115。

湛一本性）包含人性（仁義禮智之性）的說法，實際上採用的是陳述式的說明，而非論證式的解說。

從道學的發展史角度，周濂溪提出「性者，剛柔善惡，中而已矣」，認為人性有剛有柔，剛柔之性又分出善惡，這種觀點已經帶有氣稟意味，可說是為橫渠提出氣質之性準備了條件。橫渠提出天地之性與氣質之性，但是對天地之性的純粹至善沒有做出很好的解釋，故二程才提出「性即理」予以說明〔註27〕。儘管後來道學中流行之天命之性與氣質之性的區分，與橫渠之說不太一樣，但是橫渠首次明確提出二種性的區分，為道學中之「性」說的發展奠定了堅實的基礎，這一點也是勿庸置疑。

橫渠云：「性其總，合兩也；命其受，有則也。不極總之要，則不至受之分，盡性窮理而不可變，乃吾則也。」（頁 22）性乃是「合虛與氣」，自然是「合兩」〔註28〕「命」從性而來，有其不易之則。性為總，乃是因為「性者萬物之一源，非有我之得私也」（頁 21）；命為分，則是人各有其命，各有其定分。橫渠認為，人若不能復「非有我之得私」之性，則不能至自己所受定分之命，這即是所謂「不極總之要，則不至受之分」。故橫渠依據《易·說卦傳》「窮理盡性以至於命」之說法，對人如何復性至命做了詳細探討。亦由此而闡發出「民胞物與」的極高精神境界。

〔註27〕 參見陳來：《宋明理學》頁 69。

〔註28〕 牟宗三曾對橫渠「合虛與氣」之說提出質疑，認為「合虛與氣」用來說性之名之所以立，這根本是滯詞；在他看來，如果性由「合虛與氣而建立，則性適成以混雜體或組合體，而此正非性。」參見氏著：《心體與性體》（上），頁 423～425。牟宗三認為「性其總，合兩」之「兩」不能是合虛實、或合動靜、或合聚散、或合清濁之兩而成，故尤其反對「合虛與氣」之說。就其強調性之超越義，這一點自然是不錯的；然而其性體之說，乃是立足於太虛神體。在他看來，太虛神體對氣有絕對的主導作用，如果合虛與氣而成性之名，則是把太虛神體下拉到氣之層面而與之混同，這自然是不能接受的，故牟宗三反覆辨析說「合虛與氣」乃是「混雜」，是「大拼湊」。然而，如果將太虛還原成氣，則性何混雜之有？此外，以氣之太虛湛一本性作為性之淵源，同樣也可具有超越含義，即超越了具體個體的人性。

第四章 心與物

　　心物關係淵源甚長，它是中國傳統哲學的基本問題之一。〔註1〕先秦諸子對此多有闡發。如孟子謂：「耳目之官不思，而蔽於物，物交物，則引之而已矣。心之官則思，思則得之，不思則不得也。」（《孟子·告子上》）《管子·心術下》：「無以物亂官，毋以官亂心，此之謂內德。」荀子：「凡同類同情者，其天官之意物也同，……心有徵知，徵知則緣耳而知聲可也，緣目而知形可也，然而徵知必將待天官之當簿其類，然後可也。」（《荀子·正名》）這些說法，都內含著把心與物視爲主體與客體的認知關係的意思，並且認爲，在認識物的過程中，心具有高於感官的能力。此外，《莊子》強調「物化」與「忘心」，〔註2〕《呂氏春秋》強調物可應心，〔註3〕這些在心物關係問題上做出的有益探討，爲後來的討論奠定了基礎。

　　在橫渠哲學中，心與物的問題，不僅表現爲主體與客體的認知關係，更表現爲心不離於物而又超越於物的雙重界定，由此而奠定了其理想境界的基石。下面我們就對此做一詳細分析。

一、合性與知覺，有心之名

　　《說文》云：「心，人心土藏，在身之中，象形。」心本來就是指人心，

〔註1〕 張岱年認爲，心物問題「是中國古典哲學的基本問題之一」，參見氏著：《中國哲學中的心物問題》，《國學研究》，第二卷（1994 年 7 月版）。

〔註2〕 《莊子·達生》篇謂：「工倕旋而蓋規矩，指與物化而不以心稽。」工倕用手指旋轉畫圓勝過圓規，手指化成圓規的巧妙，在於心不稽留。

〔註3〕 《呂氏春秋·精通》篇謂：「心非臂也，臂非椎非石也，悲存乎心，而木石應之。」心存傷悲，則叩木石之器而發悲音。

橫渠認爲天本無心，言「天地之心」者，只是以其生生之大德而爲之名；天道無思無爲，而人道則有思慮憂患。而人之有思慮憂患，這正是由於心之能力：

> 人必不能便無是心，須使思慮。（頁 271）

心之名之所以立，必然包括思慮在裏面。

心之能思，不過並不是人心所有的活動都是值得肯定的：

> 成心忘然後可與進於道。成心者，私意也。（頁 25）

> 化則無成心矣。成心者，意之謂與！（同上）

「成心」，即是私意，橫渠認爲，有「成心」則與道相隔離。橫渠之所謂私意，從源頭處說取自《論語》中的「毋意」。《論語·子罕》云：「子絕四：毋意，毋必，毋固，毋我。」「毋意」，就是不妄加揣測。〔註4〕對此，橫渠解釋說：

> 意，有思也；必，有待也；固，不化也；我，有方也。四者有一焉，則與天地爲不相似。（頁 28）

意，有思也，即心生主觀之思慮；必，有待也，即是心有所期待；固，不化也，即是事已過而猶留滯與心；我，有方也，即是心局限於一定的方所而不知變遷。按照橫渠的說法，意、必、固、我這四者都是「鑿」，即是人主觀之附會；因此廣義的說來，此四者都可歸結爲「私意」，亦即「成心」。

有意、必、固、我中任何一種毛病，都是與大化流行相牴觸，只有去除這些「成心」，方能進於道。由此可見橫渠之所謂「心」，本自於氣化流行之道。

秉承孟子「耳目之官不思」，「心之官則思」的思想，橫渠對「心」與「耳目」的區別作了發揮：

> 天之明莫大於日，故有目接之，不知其幾萬里之高也；天之聲莫大於雷霆，故有耳屬之，莫知其幾萬里之遠也；天之不禦莫大於太虛，故必知廓之，莫究其極也。人病其以耳目見聞累其心而不務儘其心，故思儘其心者，必知心所從來而後能。（頁 25）

人之眼睛可以感知天之大明（太陽），然而不能知道它有多高；人之耳朵可以聆聽天之大聲（雷霆），卻無法知道它有多遠；如果不廓展自己的認知，則不

〔註4〕 段玉裁：「意之訓爲測度。」參見劉寶楠：《論語正義》（上），頁 327，中華書局 1990 年 3 月版。又據楊伯峻解釋，「毋意」即是不憑空揣測，參見《論語譯注》，頁 87。

能究盡上下四方無窮無盡的宇宙（太虛）。因此，耳目所見所聞都是有限的，如果人局限於耳目所見所聞，則不能盡心；而如果要盡心，則一定要知曉心是如何產生的才有可能。

在橫渠看來，「耳目役於外」。耳目等感覺器官能夠認識到諸如「明」與「聲」等事物與現象，但是這種認識是把這些事物與現象放在對象化的位置上，如果沒有這些事物與現象，則耳目無所施展；而且，耳目之見聞還是針對具體的某事某物的，換了對象，則耳目聞見就有所不同，這就意味著耳目等感覺器官是隨著認識的對象變化而變化的，耳目本身則沒有絲毫的主導作用，此即是「役於外」。因為耳目是「役於外」，所以如果過分依賴耳目見聞，就有可能成為心之累贅。

橫渠指出，人們通常認為，自己有知乃「由耳目有受」：

> 人謂己有知，由耳目有受也；人之有受，由內外之合也。知合內外
> 於耳目之外，則其知也過人遠矣。（頁 25）

「耳目有受」即是說外物作用於人的眼睛、耳朵等感覺器官。所謂「內外之合」，總的來說，「外」就是指天地萬物，而「內」則是指心，指人本有的意識及其能力﹝註5﹞。「知」是出於「內外之合」，就是指「知」產生於人的意識及其能力（「心」）與物的結合。「知」起源於耳目有受，但是「知」本身卻不僅僅是耳目有受，耳目等感覺器官只是心（內）與物（外）之間的一個中介、一座橋梁：

> 聞見不足以盡物，然又須要他。耳目不得則是木石，要他便合得內
> 外之道，若不聞不見又何驗？（頁 313）

人之感覺器官若不得用，則人與木石無異，故人須有見有聞，方可能產生「知」。以此，橫渠承認耳目等感覺器官是「合內外之德」的「啟之之要。」

但是，耳目見聞有很大的局限。其局限之一，就是所接有限：

> 今盈天地之間者皆物也，如只據己之聞見，所接幾何，安能盡天下
> 之物？（頁 333）

天地之間無窮萬物，人之耳目不可能窮盡。其局限之二，在於性與天道不能通過耳目聞見而獲得，而只能通過心思來把握：

> 耳不可以聞道。「夫子之言性與天道」，子貢以為不聞，是耳之聞未
> 可以為聞也。（頁 281）

﹝註5﹞王夫之：「內者，心之神；外者，物之法象。」《張子正蒙注》，頁125。

《論語‧公冶長》載子貢語，謂夫子之文章可得而聞，夫子之言性與天道不可得而聞，橫渠以此認為，「耳不可以聞道」。其意是說，即便子貢聽到了孔子講性與天道，但是這種聽來的性與天道也不是真正意義上的聞道。橫渠指出，「聞見之善者，謂之學則可，謂之道則不可」（頁 273），因為「聞見不足以為己有」，即是說，耳目所見所聞不是人自己本有的東西，與人終究隔了一層。

在橫渠的理論體系中，性與天道是屬於「形而上」即無形的東西，從而是屬於所謂知「知幽明之故」中「幽」的一邊。耳目不足以聞（見）道，這說明橫渠似乎認為，耳目見聞只能知「明」而不能察「幽」。由此，所謂耳目不能盡物之說，固然是指耳目等感覺器官所接事物有限，同時也內含了它們只能認識有形之事物，而不能認識無形之事物的意思。

橫渠認為，佛學的錯誤之一，是以「六根之小因緣天地」：

> 釋氏妄意天性而不知範圍天用，反以六根之微因緣天地。明不能盡，則誣天地日月為幻妄，蔽其用於一身之小，溺其志於虛空之大，所以語大語小，流遁失中。其過於大也，塵芥六合；其蔽於小也，夢幻人世。（頁 26）

「六根」者，眼、耳、鼻、舌、身、意。按照佛學的說法，眼、耳、鼻、舌、身等五根，應對色、聲、香、味、觸等物質上之存在（統稱「色法」）而生五識（眼識、耳識、鼻識、舌識、身識），意根則能分別前五根所起境界的好惡。〔註6〕因此，在橫渠看來，佛學以六根之微因緣天地，即是以耳目等感覺器官窮究天地；以這種方式不能窮盡天下之物，即認為天地日月是幻妄。橫渠還指出，佛老二氏是有見於「明」而不察乎「幽」，遂指「幽」為空虛：

> 天文地理，皆因明而知之，非明則皆幽也，此所以知幽明之故。萬物相見乎離，非離不相見也。見者由明而不見者非無物也，乃是天之至處。彼異學則皆歸之空虛，蓋徒知乎明而已，不察夫幽，所見一邊耳。（頁 182）

從「皆」字來看，這裏的「異學」包括了佛老二氏。氣聚而離明得施則有形，氣不聚則離明不得施而無形，有形與無形只是「明」與「幽」的區別；「明」

〔註6〕《三藏法數》（一如編）云：「根，即能生之義。謂六根能生六識，故名六根。……意根，謂意於五塵境界，若好若惡，悉能分別也。（五塵者，色塵、聲塵、香塵、味塵、觸塵也。）」

是有物存在，「幽」同樣也有物存在。而老氏定「有生於無」爲窮高極微之論，佛教以六根因緣天地，都是知乎「明」而不察夫「幽」，因而都是所見一邊。

世人之心，止於聞見之狹，按照以上的分析，則不僅普通人是以聞見爲心，從某種意義上講佛老二氏也是以聞見爲心。橫渠認爲，這種做法是將人心看「小」了：

> 人本無心，因物爲心，若只以聞見爲心，但恐小卻心。（頁 333）

「心所以萬殊者，感外物爲不一也」，人之心與外在的事物有密切的關係，外物之感不同，則人心表現也不同，從這種意義上說，則「人本無心，因物爲心」。耳目感官作爲心與物之間的橋梁與中介，其所見所聞能產生「知」，然而如果心僅止於聞見，則是所見一邊，不能語天道神化，這自然是把心看「小」了。橫渠指出，聖人與普通人的區別，就是他超出了聞見之狹：

> 世人之心，止於聞見之狹。聖人盡性，不以見聞桔其心。（頁 24）

「桔」即是桎梏，普通人之心是只有所聞所見，而聖人則擺脫了所聞所見的桎梏而深入到了性與天道。

由聞見而來的「知」橫渠又稱之爲「見聞之知」，超越了見聞的「知」則是「德性所知」：

> 見聞之知，乃物交而知，非德性所知；德性所知，不萌於見聞。（頁 24）

見聞之知是物交而知，德性所知則不萌於見聞。依前面分析，見聞之知是入德之途的起始，則這裏所謂「不萌於見聞」，並非指德性所知與見聞決然毫無干係，而在於強調見聞之知有極大的局限，而德性所知必須超越這種局限。

心超越了見聞，則既能知明，又能知幽，故而能「有無一」；人本無心，因物爲心，故而能知，此則是「內外合」：

> 有無一，內外合，（庸聖同。）此人心之所自來也。若聖人則不專以聞見爲心，故能不專以聞見爲用。無所不感者虛也，感即合也，咸也。以萬物本一，故一能合異；以其能合異，故謂之感；若非有異則無合。天性，乾坤、陰陽也，二端故有感，本一故能合。天地生萬物，所受雖不同，皆無須臾之不感，所謂性即天道也。（頁 63）

從宇宙論的角度來說，無形之氣聚而爲有形之人，人死而復歸於無形之氣，人之心既然爲人身體的一部分，也經歷了這個從無到有，從有復歸於無的過程，這同樣可視爲「一有無」的一種方式。不過橫渠所謂心顯然重點不在強

調腔子裏的那團血肉，而在指出心具虛明靈覺（「知覺」）。因此，橫渠指出，心乃是「合性與知覺」：

> 合性與知覺，有心之名。（頁9）

「性」是「合虛與氣」，從整體而言，性是「萬物之一源」，若從人之角度，則此萬物一源之性，正是人之性；有識有知，此乃物交之客感，而性與知覺能力之統合，則是人之所以為人而區別於其他造化所成之物的特徵。橫渠所謂「合性與知覺，有心之名」一方面表明，人的意識系統（「心」）表現為具體的知覺；另一方面，這些知覺的活動方向，是為「性」所決定和支配的，有一定的精進方向。只有結合這兩個方面，才能成為人之「心」。〔註7〕

由此，橫渠對「心」概念的定義，包含了兩個方面的內在內容：其一，既然「性」為「心」之所從來，而在現實層面來說「天性」在人有「成」與「不成」的問題，因此「心能盡性」就成為迫切的要求；其二，「盡性」即是心通過自己的活動來實現、完成「性」，而這種活動，又必須靠心之知覺能力，由此心之「盡性」的具體途徑必須得到恰當的說明。

對橫渠心合性與知覺的說法，朱子大不以為然：

> 橫渠之言大率有未瑩處。有心則自有知覺，又何合性與知覺之有！
>
> （《朱子語類》卷六十）

在朱子那裏，知覺有兩方面的意思：狹義地說，知覺指人能知能覺的能力，朱子又稱之為「神明」或者「靈明」；廣義地說，則知覺不僅指人的知覺能力，而且包括人的感覺、思維等所有的心理活動。〔註8〕朱子以為，知覺本人心固有，如果說統合了知覺與性方可謂之心，則此心固有的能力與作用似乎就成了必須經過「合」這個階段才能得到說明，這與他認為「有知覺謂之心」（《朱子語類》卷一百四十）的說法自然不太吻合，故朱子批評橫渠說法沒有達到瑩徹純熟的境界。然而正如前面所說，橫渠不僅僅要說明心有知覺，更要說明心之知覺以盡性為指歸，故「合性與知覺」的說法自有其道理。

近人如牟宗三先生，同樣認為橫渠「合性與知覺」的論點是「不精熟的滯詞」。不過相比於朱子強調心固有知覺方面來說，牟宗三先生採取的是另外一個視角。他對橫渠「性」一概念做了性體、性能、性分的三重區分：其所謂性體，即「對應個體或總對天地萬物而為其體」；其所謂性能，即指「能起

〔註7〕陳來：《宋明理學》，頁69。
〔註8〕陳來：《朱子哲學研究》，頁213～214。

道德之創造或宇宙之生化」；其所謂性分，則是「所有之道德創造乃至陰陽鬼神之化皆是此性體所命之本分、當然而不容已、必然而不可移」。所謂知覺，乃是太虛寂感神體的靈知明覺，不同於今人所謂的「感觸的知覺」（sensible perception）。故此，知覺乃是性體本有的，如果說合性與知覺方有心之名，則等於說性體沒有知覺。〔註 9〕對此我們略做分析。「感觸的知覺」或即橫渠所謂「耳目之受」，橫渠強調要超越耳目見聞，可知其所謂知覺的確不能歸結為「感觸的知覺」；然而橫渠同樣以聞見為合內外之德的「啓之之要」，可知其所謂知覺，雖不可說即是「感觸的知覺」，然當包括後者在內殆無疑問。牟宗三先生將知覺認定為太虛神體的靈知明覺，無意中擡高了知覺的地位，於橫渠思想本身卻有不協調之處。此外，牟宗三先生以性體涵蓋知覺，則又出於其太虛神體說。從這裏來說，所謂性體、性能、性分諸說，我們在某種程度上也是接受的：橫渠區分天地之性與氣質之性，而以天地之性為萬物所共有之性，此當然可說是性體；「天性，乾坤，陰陽也」，由乾坤陰陽而大化流行，此亦可謂性能；天地萬物稟受天性而以之為自己不可更改之命（「亦可謂性」），說這是性分也無不可。問題是，此性體、性能、性分之義都是從「合虛與氣」而來，它們都是廣義範圍內一氣流行之不同表現，卻也無需就太虛神體而立論。牟宗三先生認為橫渠「合虛與氣，有性之名」的說法「不的當」，故不能不說「合性與知覺，有心之名」之論點「不精熟」，歸根結底，是因為其以太虛神體這一「剃刀」來檢視橫渠的思想之故。

二、窮理與盡性

橫渠指出，儒學與佛學之一大不同，即在於儒學是誠明兩進，而佛學推至極處，也不過是「誠而惡明」：

> 釋氏語實際，乃知道者所謂誠也，天德也。其語到實際，則以人生為幻妄，以有為為疣贅，以世界為陰濁，遂厭而不有，遺而弗存。就使得之，乃誠而惡明者也。儒者則因明致誠，因誠致明，故天人合一，致學而可以成聖，得天而未始遺人，易所謂不遺、不流、不過者也。彼語雖似是，觀其發本要歸，與吾儒二本殊歸矣。（頁 65）

橫渠之所謂「實際」，即是指大化流行之真實無妄，也就是「誠」。在橫渠看

〔註 9〕以上均參見牟宗三：《心體與性體》（上），頁 454～455。

來，佛學也要對現實世界做出解釋，這在某種程度上即是對「誠」做出說明；但是，佛學把人生視爲幻妄，以人之在三界中的種種作爲看成無用之累贅，將世界當作濁亂不堪的存在，於是主張要捨棄這些所謂「因緣所生法」而直證「空平等」之真性，這就是「厭而不有，遺而弗存」。橫渠指出，即便從某種程度上可以說佛學對「誠」有所體認，但是它所採取的這種「厭而不有，遺而弗存」的做法，則是拋棄了「明」的進路，所以是以「誠」而否定了「明」。儒者以自己之努力而達到與天同德的聖人境界，所以是由「明」而致「誠」；聖人與天地同流而又不離人事萬物，則是因「誠」而致「明」，故而能天人合一。因此，佛學雖然貌似有理，但是只要從其立論起點與要旨所歸，則可看出它與儒學是完全不同的。

儒學「因明致誠」，「因誠致明」，橫渠又稱之爲「自明誠」與「自誠明」：

> 「自明誠」，由窮理而盡性也；「自誠明」，由盡性而窮理也。（頁 21）

橫渠進一步對此做出解釋說：

> 須知自誠明與自明誠者有異。自誠明者，先盡性以至於窮理也，謂先自其性理會來，以至窮理；自明誠者，先窮理以至於盡性也，謂先從學問理會，以推達於天性也。（頁 330）

「明」即是窮理，「誠」則是盡性。自誠明，就是先立性之大本，然而再於此基礎上窮理；自明誠，則是通過泛觀博覽的窮理途徑，先從學問著手，而後推達天性。橫渠本人很謙虛地說自己是「竊希於明誠」，他認爲自己採取的是由窮理而盡性的方法，故推崇「窮理盡性以至於命」。

橫渠認爲，如果不知道「窮理」，那麼人的一生就如同夢遊。（「若不知窮理，如夢過一生」，頁 321）他又說，天地間的任何事物都有「理」（「萬物皆有理」，頁 321）。那麼橫渠所要窮的理是什麼呢？

在論述一氣聚散流行的事實時，橫渠指出：「天地之氣，雖聚散、攻取百塗，然其爲理也順而不妄」，就是說，雖然氣的聚散過程變化多端，然而在這過程中，有其必須遵循而不可背離的順序與規律，這就是「理」；橫渠又說萬物皆有理，而「理不在人皆在物」（頁 313），可見其理，是事物本有的客觀規律與規則。

不過，事物本於天道運行，按照我們前面的分析，天道運行有其「性命之理」，這一「性命之理」不僅包括一氣運行中的天道陰陽，同樣包括地道剛柔與人道仁義，它既是極總之要，更是稟受之分。就具體的事物來說，如果

說某物之理即可謂該物之「性命之理」，則此理不僅指該事物客觀的規律與規則，同樣內含了該事物所受定分（從氣化流行角度來說，造化成物無思無爲，然而一物之生必有其稟受，其性小大昏明各有不同，此即是物所受定分）。前者可以單純從一物角度而言，故可謂物物各有其理；而後者則反映出大化流行之整體，則可謂萬物一理。此理，即是所謂「天理」。橫渠云：「天理者，時義而已。」（頁 23）「時義」即是合時之義，語出《易・象傳》：「豫之時義大矣哉。」范育指出，橫渠之闢佛，就是以天理之大來對治佛學的「心法」與「空」觀（「浮屠以心爲法，以空爲眞，故《正蒙》闢之以天理之大」，頁 5），可見「天理」從根本上說，就是太虛之氣流行化生萬物，物物得其宜。〔註 10〕

　　如果說，理指事物客觀的規律與規則可說是側重事實之「所然」，那麼理同時說明事物有所收定分則是側重價值之「所當然」。故而，橫渠之所謂理，是事實與價值的統一。而所謂理之客觀性，正因爲其蘊涵「所當然」之價值，那麼這種客觀性就與立足於主體——客體二分基礎上的純粹的客觀性有所不同。

　　由此，橫渠之所謂窮理，必然包含認識論意義上的訴求：

　　　窮理則其間細微甚有分別，至如偏樂，其始亦但知其大總，更去其
　　　間比較，方儘其細理。（頁 333）

也就是說，理有細微之別，窮理則需要細緻比較這些差別，從而掌握其間的道理。橫渠更指出，窮理是個過程，人應該多接觸事物，這樣方能窮解事物之理：

　　　窮理亦當有漸，見物多，窮理多，從此就約，盡人之性，盡物之性。
　　　（頁 235）

然而，正如前面所說，耳目所接畢竟有限，如果光以個人耳目聞見爲憑藉，而「天下之理無窮」（頁 235），則窮理就只是「窮究」物理，而不能「窮盡」物理。此外，在橫渠看來，如果光依靠耳目聞見，還有一個大弊端，就是只能依照耳目聞見來「推類」：

　　　若便謂推類，以窮理爲盡物，則是亦但據聞見上推類，卻聞見安能
　　　盡物！今所言盡物，蓋欲盡心耳。（頁 333）

───────────

〔註 10〕橫渠之「天理」與二程有所不同。二程以「理」爲其思想的核心，然而其理乃是所以陰陽者，是統攝於氣的；而橫渠之天理，則本來就是陰陽相兼相制的「性命之理」，歸根結底乃是氣之理。橫渠說：「處剝之時，順上以觀天理之消息盈虛。」「天理之消息盈虛」，由此更可見，橫渠之天理，即是太虛之氣聚散流行過程的本質規律。

推類即以類相推，也就是說，如果以聞見爲窮理之途，那麼就會從聞見方面來類推。按照前面對「理」的二層意義的分析，可知橫渠這裏對「據耳目聞見上推類」的擔心，正是擔心人局限於具體之物而不識全體；如此，窮理就是泛濫接物而不知收拾，「就約」之說也無從談起，而盡人物之性則更是鏡花水月。

故此，窮理一方面是要認識事物之「所然」意義，但是另一方面，也需要抉發理之「所當然」：

> 「明庶物」，「察人倫」。庶物，庶事也，明庶物須要旁用；人倫，道之大原也。明察之言不甚異，明庶物，察人倫，皆窮理也。既知明理，但知順理而行而未嘗以爲有意仁義，仁義之名，但人名其行耳，如天春夏秋冬何嘗有此名，亦人名之爾。（頁 329）

「明庶物，察人倫」語出《孟子·離婁下》：「舜明於庶物，察於人倫，由仁義行，非行仁義也。」趙歧注曰：「倫序也，察識也；舜明庶物之情，識人事之序。」橫渠指出，此二者皆爲窮理之表現。在這裏，「明庶物」之「庶物」，橫渠解釋成爲「庶事」，這與趙歧注顯然不合。如果單純從認識論意義上來講，趙歧注所謂「庶物之情」也完全可以成爲窮理的目標之一，然而橫渠將「物」解釋爲「事」，並認爲「明」「察」二字意思相近，則正是爲了突出窮理的窮「理之所當然」的意義。故橫渠強調，所謂「窮理」，不能任耳目，而需「見其大源」：

> 貞明不爲日月之所眩，貞觀不爲天地之所遷，貞觀貞明，是己以正而明日月、觀天地也。多爲日月之明與天地變化所眩惑，故必己以正道觀之。能如是，不越乎窮理。豈惟耳目所聞見，必從一德見其大源，至於盡處，則可以不惑也。（頁 210）

橫渠強調，如果任耳目聞見，則人極容易被日月之明與天地變化所眩惑，而窮理則能使人不受其眩惑。橫渠嘗云：「天行何嘗有息？……天則無心無爲，無所主宰，恒然如此，有何休歇？人之德性亦與此合，乃是己有，苟心中造作安排而靜，則安能久！」（頁 113）所謂「必己以正道觀之」，即是排除心之造作而涵以本有之德性，從而靜觀日月之明，天地之遷。在這個意義上，「窮理」實際上也就是「順理」，故而橫渠批評將此二者視爲兩件事的人是「不知其智」：

> 將窮理而不順理，將精義而不徙義，欲資深且習察，吾不知其智也。（頁 29）

結合了以上二方面的內容，窮理之作爲一個逐步的過程，才有可能在「見物多，窮理多」的基礎上「就此反約」；「反約」就是所謂「從一德見其大源」，從而能將「有無虛實通爲一物」，此即是「盡性」：

> 有無虛實通爲一物者，性也；不能爲一，非盡性也。（頁63）

橫渠所謂性是「萬物之一源，非有我之得私也」，從廣義範圍上來說，由窮理而盡性，此盡性就是能明徹宇宙萬物的共同本性，因而既包括「盡人之性」，也包括「盡物之性」；然而，正如前面所說，橫渠之性主要是從人的角度來說的，因此從狹義方面來說，盡性即特指「盡人之性」：

> 窮理亦當有漸，見物多，窮理多，從此就約，盡人之性，盡物之性。
>
> 天下之理無窮，立天理乃各有區處，窮理盡性，言性已是近人言也。
>
> 既窮物理，又盡人性，然後能至於命，命則又就己而言之也。（頁235）

橫渠認爲，窮理有次第，盡性也有次第。性是近人而言，窮理之後的盡性，首先是盡己之性，而後是盡人物之性。就是說，盡性是一個由己到人，推人及物的過程：

> 三十器於禮，非強立之謂也。四十精義致用，時措而不疑。五十窮理盡性，至天之命；然不可自謂之至，故曰知。六十盡人物之性，聲入心通。七十與天同德，不思不勉，從容中道。（頁40）
>
> 窮理盡性，然後至於命；盡人物之性，然後耳順；與天地參，無意、必、固、我，然後範圍天地之化，從心而不踰矩；老而安死，然後不夢周公。

《論語·爲政》載孔子語，把自己的人生劃成六個階段［註11］，橫渠從三十歲開始說起。就橫渠對五十歲與六十歲的區別來看，後者是盡人物之性，則前者之所謂窮理盡性，就只能是盡自己之性。盡己之性，已是「至天之命」，然而這裏所謂的「至」，不能說是「至」，只能說是「知」。「知」即是知曉、瞭解，「至」則是已經抵達目的地。橫渠這樣說明「至」與「知」的區別：

> 「知」與「至」爲道殊遠，盡性然後至於命，不可謂一；不窮理盡性即是戕賊，不可至於命。然至於命者止能保全天之所稟賦，本分者且不可以有加也。既言窮理盡性以至於命，則不容有不知。（頁234）

〔註11〕 《論語·爲政》：「吾十有五而志於學，三十而立，四十而不惑，五十而知天命，六十而耳順，七十而從心所欲，不踰矩」。

由窮理而盡性，此時已經是知曉天之所命，故謂之「知命」；「知命」，人則知天之所稟賦與自己之本分，在此基礎上人通過自己的行動保全天所稟賦，盡己之本分，這方能說是「至命」。實際上，橫渠所謂「至命」階段，就是他所說的「七十與天同德，不思不勉，從容中道」，故此，「至命」即是與天合一，至於天道。從「知天命」到「至天道」，二者中間還有很長一段路要走，當然是「『知』與『至』爲道殊遠」。

《易‧說卦傳》謂「窮理盡性以至於命」，這在橫渠看來，正說明了窮理、盡性、至命三者之間次第分明。然而二程並不贊同這種三階段說：

> 窮理盡性以至於命，三事一時並了，元無次序，不可將窮理作知之事，若實窮得理，即性命亦可了。（《遺書》卷二上）

> 窮理盡性至命，只是一事，才窮理便盡性，才盡性便至命。（《遺書》卷十八）

二程將窮理、盡性、至命三者視爲一事，故窮理之過程即是盡性之過程，也即是至命之過程，任何一個過程的完成，都是三件事情同時完成。橫渠與二程曾對此問題有過當面的交流。熙寧十年（公元 1077 年），呂大防薦橫渠於朝廷，宋神宗召橫渠回京師任職，詔知太常禮院；與有司議禮不合，復以疾歸，路過洛陽。趁此機會，橫渠跟二程交流了不少問題，此爲其中之一。據橫渠弟子蘇昞所記《洛陽議論》記載：

> 二程解「窮理盡性以至於命」：「只窮理便是至於命。」子厚謂：「亦是失於太快，此義盡有次序。須是窮理，便能盡得己之性，則推類又盡人之性；既盡得人之性，須是並萬物之性一齊盡得，如此然後至於天道也。其間煞有事，豈有當下理會了？學者須是窮理爲先，如此則方有學。今言知命與至於命，盡有近遠，豈可以知便謂之至也？」（《遺書》卷十）

橫渠認爲，如果如二程「三事一時並了」的觀點，則「失於太快」。橫渠在這裏更明指出，「此義盡有次序」。由窮理，而後可以盡自己之本性；由此類推，則可盡他人之本性；再由此，則可盡天地萬物之性，至此則可謂至於天道。這期間次第分明，不可能一下子就把所有事情都解決。

嚴格分析起來，橫渠對二程「三事一時並了」的觀點持有異議不是因爲二程否認了窮理以及窮理的次第。二程以「理」爲其思想的核心，而且也強

調要窮理，例如伊川就說：「凡一物上有一理，須是窮致其理」。（《遺書》卷十八）伊川同樣認為，物理眾多，即便是賢如顏回也不可能「格一物便通眾理」，因此「須是今日格一件，明日格一件，積習既多，然後脫然自有貫通處」。（同上）「其脫然自有貫通處」的說法，基本上與橫渠「反約」之說是異曲同工。

實際上，橫渠與二程的觀點不同，部分由於在於他們對窮理的理解各有不同。窮理之「窮」，橫渠指「窮究」與「窮盡」兩個方面的內容，故強調窮理的過程，而二程則主要就「窮盡」意義上說，故方有「才窮理便盡性」的觀點；因此，二程之所謂窮理，較橫渠更為明顯地側重於道德實踐〔註12〕，由此格物窮理的終極目的和出發點，就在於「明善」。〔註13〕從這意義上說，二程「三事一時並了」的觀點，有淡化窮理的認識論意義、而將之內在化為道德修養過程的傾向。此外，橫渠之強調學有次第，還有一個更為主要的目的，就是為了對治佛學理論。就現實中進學涵養而言，如果以三者為一事，則有可能省去「窮理」的階段而直指「性」與「命」，由此得來的「性」「命」，就是有體而無用，故有流於空疏之虞。按照佛學「緣起性空」理論，人則只需直悟萬物皆無自性，為非真非實有，從而去除迷戀於此岸世界紛紜現象的執著。這在橫渠看來，正是不經過「窮理」階段而直指「盡性」與「至命」所造成的：

> 釋氏妄意天性而不知範圍天用，反以六根之微因緣天地。明不能盡，則誣天地日月為幻妄，蔽其用於一身之小，溺其志於虛空之大，所以語大語小，流遁失中。其過於大也，塵芥六合；其蔽於小也，夢幻人世。謂之窮理可乎？不知窮理而謂盡性可乎？謂之無不知可乎？塵芥六合，謂天地為有窮也；夢幻人世，明不能究所從也。（頁26）

釋氏以六根之小因緣天地，不能盡物則誣天地日月為幻妄，從而塵芥六合夢幻人世，此則是不窮理，不窮理則不能盡性，故其所謂性命之說不但不是無不知，反而是「語大語小，流遁失中」。是以橫渠特別指出，「窮理」實為區別儒家與釋氏的關鍵：

〔註12〕伊川說：「窮理亦有多端：或讀書講明義理；或論古今人物，別其是非；或應接事物而其當，皆窮理也。」見《遺書》卷十八。伊川此處舉若干例子以說明窮理，而其例子均關乎道德實踐。
〔註13〕《遺書》卷十五：「要在明善，明善在格物窮理。」

> 釋氏原無用，故不取理，彼以有爲無，吾儒以參爲性，故先窮理而後盡性。（頁234）

> 儒者窮理，故率性可以謂之道。浮圖不知窮理而自謂之性，故其說不可推而行。（頁31）

窮理盡性是儒學的特色所在，更爲儒學重「禮」提供了堅實的理論基礎：

> 不誠不莊，可謂之盡性窮理乎？性之德也未嘗僞且慢，故知不免乎僞慢者，未嘗知其性也。（頁24）

「誠」是「誠於中」，「莊」則是「形與外」。案《禮記・曲禮》云：「非禮不誠不莊。」無禮之舉即是不誠不莊，要窮理盡性，則不能「不誠不莊」，故不能行非禮之舉。橫渠以此指出，性未成之時，必須以禮持之：

> 禮所以持性……持性，反本也。凡未成性，須禮以持之，能守禮已不畔道矣。（頁264）

前面說過，橫渠提出了見聞之知與德性所知的區分，根據以上分析，可知見聞之知與德性所知都是窮理。橫渠這種既強調即物又強調要超越聞見的窮理觀點，結合了向外的認知與向內的個體道德修養，這爲後來朱子提出「衆物之表裏精粗無不到，吾心之全體大用無不明」的雙重界定的格物致知論奠定了基礎。近人有從性體明覺角度，認爲橫渠之德性之知沒有認知意義，並認爲這是橫渠與朱子的不同，〔註14〕這種觀點似與橫渠思想有所矛盾。

　　與此相對的是，在大陸以往關於橫渠思想的研究中，窮理說之認識論意義一面得到大力強調，見聞之知與德性所知的區別通常被看成是感性認識與理性認識的區別。因此有論者認爲，橫渠在認識論上走上一條由承認感覺經驗到否定感覺經驗，由誇大理性思維到否定理性思維的作用，從而陷於神秘主義。〔註15〕就認識論角度來說，不能否認橫渠的二種「知」的有感性與理性的分別；但是，正如橫渠分窮理盡性以至於命爲三個次第相連的階段一樣，德性所知不僅是要認識事物客觀之理則與規律，更重要的是認清人自己之由天道之大而來的所受定分，從而在「知命」的基礎上做到「至於命」。

〔註14〕牟宗三：《心體與性體》（上），頁467。

〔註15〕參見夏甄陶：《中國認識論思想史稿》（下），頁43～44，中國人民大學出版社，1996年6月第一版。

站在道學的立場上，純粹的知識本來就不是橫渠所要追求的目標。〔註16〕

三、虛心、大心與盡心

有無一，內外合則是人心所自來，窮理盡性則是內外合德，故窮理盡性的過程，同時也是「盡心」的過程。因此，橫渠同樣強調「盡心」的重要：

> 人本無心，因物為心，若只以聞見為心，但恐小卻心。今盈天地之間者皆物也，如只據己之聞見，所接幾何，安能盡天下之物？所以欲儘其心也。（頁333）

橫渠指出，盡心才能盡物，而要盡心則必須超越聞見之狹，由此可見橫渠所謂「欲儘其心」的說法，即是指人要追求德性所知。

「虛心然後能盡心」，「盡心」首先要做到的就是「虛心」。從修養方法上來說，「虛心」之道就是通過減少人之思慮，達到內心的平靜安定：

> 心且寧守之，其發明卻是末事，只常體義理，不須思更無足疑。天下有事，其何思何慮！自來只以多思為害，今且寧守之以攻其惡也。處得安且久，自然文章出，解義明。寧者，無事也，只要行其所無事。（頁283～284）

就人之實際情況來說，思慮多則昏惑，人若鑽研太甚，求之太切，則容易起昏惑。橫渠通過自身的實踐體會到，心靜則清，心清則視明耳聰，四體不待羈束而能自然恭謹，心不靜則亂，心亂則與心清時候的情況恰成對比（頁284），故橫渠指出，心只要無事，寧而守之，使心體平靜，而不應該亂起主意。心妄求「發明」，則是「助長」，故「有心求虛，終無由得虛」（頁269）。

橫渠之虛心的修養方法，強調寧靜守心，故其「虛心」，實即「靜心」。橫渠認為，「虛心」還必須與「得禮」結合，如此才是完整的修持之道：

> 修持之道，既須虛心，又須得禮，內外發明，此合內外之道也。（頁270）

「得禮」即行事以禮，即是說用禮來規範人之行為。虛心是在內立本，得禮

〔註16〕陳來認為，從道學的立場上來看，知識的學習積累，其目的是要在更高、更普遍的理性立場上理解（接上頁注）道德法則；因此，道學之格物論，其指向是人文理性而不是科技理性，從其具有重倫理道德而輕客觀事物知識的傾向來說，格物學並不是科學。參見氏著：《宋明理學》，頁113、頁116。由此可見，那種從純粹認識論角度出發，認為橫渠是把認識論屈從於道德論的批評，亦屬以今釋古。

是於外規範,「虛心」與「得禮」,都是屬於修持之道,「虛心」與「得禮」結合,則可內外發明,此即是「合內外之道」。橫渠認為,學者若如此修持,則能變化人生俱來的氣質:

> 變化氣質。孟子曰:「居移氣,養移體」,況居天下之廣居者乎!居仁由義,自然心和而體正。更要約時,但拂去舊日所為,使動作皆中禮,則氣質自然全好。禮曰「心廣體胖」,心既弘大則自然舒泰而樂也。若心但能弘大,不謹敬則不立;若但能謹敬而心不弘大,則入於隘,須寬而敬。大抵有諸中者必形諸外,故君子心和則氣和,心正則氣正。其始也,固亦須矜持,古之為冠者以重其首,為履以重其足,至於盤盂几杖為銘,皆所以慎戒之。(頁 265)

嚴格說起來,「虛心」是盡心的工夫,「得禮」同樣也是盡心的工夫,因為用禮教來規範人之行為,只能說是「謹」而不能說是「謹敬」,「敬」只能是對心而言。橫渠評論說,《論語‧鄉黨》載孔子待人接物莫不有一定之規,這種「形色之謹」即是「敬」的表現(頁 269),此可見「得禮」之「謹」是為了培育心中之「敬」。「虛心」則能納物,故能弘大,「得禮」則動作有所由,故能謹敬。弘大而不謹敬,則易流於空疏,故無從得立;謹敬而無弘大,則易流於瑣碎,故規模狹隘。虛心存養,居處有則,故能「拂去舊日所為」,「居移氣,養移體」,從而「氣質自然全好」,這就是橫渠所極力推崇的「變化氣質」之道。橫渠認為,人如果知曉變化氣質之道,則必然知曉「多聞見適足以長小人之氣」(頁 269),由此則人已經由世人(普通人)而成為學者了。橫渠認為,學者之變化氣質,其始則在於「矜持」,即所謂「始則須拳拳服膺,出於牽勉」,終則「至於中禮卻從容」(頁 269)。變化氣質,即是從「牽勉」到「從容」這樣一個內外結合的不斷修持過程。

前面說過,氣之性本虛而神,橫渠所謂「虛心」,其根據即是本自天地間一氣流行:

> 人於龜策無情之物,不知其將如何,惟是自然莫或使之然者,陰陽不測之類也。己方虛心以鄉之,卦成於爻以占之,其辭如何,取以為占。(頁 198～199)

橫渠這裏借用《易經》占卜之說以說明,天地間陰陽不測大化流行,自然莫或使之然,故人必須虛心以待。「虛心」就是要做到在大化流行面前做到不起個人主觀的私意:

> 人私意以求是未必是，虛心以求是方爲是。夫道，仁與不仁，是與
> 不是而已。（頁279）

從本體的角度來講，道即是氣化流行，此間無思無慮，此爲道之實然（「是」），
亦爲仁之實然（「是」）。面對如此之「是」，人只可「虛心」接納，若以己之
私意揣測天道，此則與天道之「是」終有隔膜，故而同爲「不仁」。

　　虛心則心能弘大，故橫渠又主張「大心」：

> 大其心則能體天下之物，物有未體，則心爲有外。世人之心，止於
> 聞見之狹。聖人盡性，不以見聞梏其心，其視天下無一物非我，孟
> 子謂盡心則知性知天以此。天大無外，故有外之心不足以合天心。
> 見聞之知，乃物交而知，非德性所知；德性所知，不萌於見聞。（頁
> 24）

按照朱子的說法，「體天下之物」之「體」，其意爲「置心於物中」：

> 問：「『物有未體，則心爲有外。』體之義如何？」曰：「此是置心在
> 物中，究見其理，如格物致知之義，與體用之體不同。」（《朱子語
> 類》卷九十八）

按照這個理解，大心就是充分發揮心體認、直覺萬物的功能，超越感覺器官
所產生的感性表象，盡可能拓展思維的廣度，直至達到全與天地萬物爲一體
而後已。大心能無一物之不體，故大心即能窮盡天下之物。按照純粹認識論
的意義來說，既然大心能盡天下之物，則天下萬事萬物之理，此心莫不了然，
而這正是朱子格物致知論所要達到的目的，故此朱子認爲大心與格物致知之
義相同。

　　朱子的這個說法，與橫渠思想有一致的地方。例如，橫渠認爲，盡心方
能盡天下之物，而盡天下之物是「據其大總」，即是說從總體把握，至於物之
具體如何，則還須通過窮理之途徑，（「言盡物者，據其大總也，今言盡物且
未說到窮理」，頁333）經過窮理之後，方能盡心（「盡得物方去窮理，盡了心」，
頁 311）。從某種意義上講，大其心而無一物之不體，即是盡天下之物而皆知
其理，此則需要據其大總而後窮究其理，之後方能大心，因此大心體物就必
然包含「置心在物中，究見其理」的窮理途徑。

　　然而，「置心在物中，究見其理」的窮理之義並非大心體物說的究極目的。
在橫渠看來，要做到「體天下之物」必須能「以天體身」（「能以天體身，則
能體物也不疑」，頁25），天的實質，本來就是「體物不遺」：

> 天體物不遺，猶仁體事無不在也。「禮儀三百，威儀三千」，無一物
> 而非仁也。「昊天曰明，及爾出王，昊天曰旦，及爾遊衍」，無一物
> 之不體也。（頁 13）

「天體物不遺」之「體」，猶如「仁體事無不在」之「體」，即指無不遍在之
義。天體物不遺，從天之角度，即是指天地造化所成，無一物不體現出天地
生物之大仁；從萬物角度，則指無一物不與天地渾然成一整體，此所謂「體
物體身，道之本也。」（頁 25）人以天體身，即是以身體道，「身而體道，其
為人也大矣」（頁 25）；以身體道，則能「視天下天下無一物非我」，故天地萬
物與「我」之間息息相通，渾然一體無有間隔。從此著眼，則橫渠之大心體
物說，就不僅僅是一種純粹的認識方法，更是一種物我一體的觀照，這種觀
照，通往一種意境高遠的人生境界，即橫渠的「民胞物與」境界。這一境界，
我們放到下面討論。

　　從人之進德之途來說，虛心得禮而後大其心，這裏經過了一個質的飛躍，
這個飛躍，就是學者以至於大人：

> 精義入神，豫而已矣。學者求聖人之學以備所行之事，今日先撰次
> 來日所行必要作事，如此，則事在一月前，則自一月前栽培安排，
> 則至是時有備。言前定，道前定，事前定，皆在於此積纍，乃能有
> 功。天下九經，自是行之者也，惟豫而已。撰次豫備乃擇義之精，
> 若是擇何患乎事之來！精義入神須從此去，豫則事無不備，備則用
> 利，用利則身安。凡人應物無節，則往往自失，故要利用安身，蓋
> 以養德也。

學者以聖人所行為目標，在日常生活中以禮滋養德性，則能知當為而為，故
能「撰次來日所行必要作事」。於此積纍，則可期日以進，期月以進，最終則
抵達能事無不備之「豫」——任何事情，都已經早定於胸，事來則行之，而
莫不妥當。此則是義之擇取無不精當，行之所為莫不順理，所謂「得盡思慮，
臨事無疑」（頁 217）是也，故而是「精義入神」。「精義入神，利用安身，此
大人之事」（頁 217），如此則學者進而為大人矣。

　　「撰次豫備」即是考理之所當然而定人之所為，此亦為窮理之一途，故
橫渠謂「窮理則至於精義」：

> 義有精粗，窮理則至於精義，若盡性則即是入神，蓋惟一故神。（頁
> 217）

窮理是「逐事要思」，是「觀一物必貯目於一」，是人處在「昏」的階段所必須借助的手段。精義則是萬事皆了然於胸，是「事前定，道前定」，是「明者舉目皆見」。窮理則至於精義，盡性即是入神，窮理而至於盡性，即是精義而至於入神。

　　橫渠認爲，學者進德，有兩個關節非常難過，其一即是由學者而入於大人，其一則是由大人而進於聖人。(「由學者至顏子一節，顏子至仲尼一節，是至難進也。二節猶二關。」──頁 278)) 由窮理而至於精義入神，此一關爲第一難過之處，然而更爲難過的，則在於由大人而進於聖人：

> 聖人用中之極，不勉而中，有大之極，不爲其大，大人望之，所謂
> 絕塵而奔，峻極於天，不可階而升者也。(頁 50)

大人與聖人之間，是「絕塵而奔，峻極於天」，其間距離不可謂不大。從大人到聖人的飛躍，實即是從「精義入神」到「窮神知化」的飛躍：

> 若夫窮神知化則是德之盛，故云「未知或知」，蓋大則猶可勉而至，
> 大而化則必在熟，化即達也，「精義入神以致用」，謂貫穿天下義理，
> 有以待之，故可致用，窮神是窮儘其神也，入神是僅能入於神也，
> 言入如自外而入，義固有淺深。(頁 215～216)

大人的「入神」，是由「得盡思慮」而來的自外而入的「入神」，而聖人則是窮盡天地神化的「窮神」，二者不可同日而語。

　　橫渠認爲，從學者而至於大人，最起碼還可通過虛心重禮之修持來大其心，故大人可「修而可至」；然而聖人則純然熟化，不可加功：

> 以理計之，如崇德之事尚可勉勉修而至，若大人以上事則無修，故
> 曰「過此以往，未之或知」，言不可得而知也，直待己實到窮神知化，
> 是德之極盛處也。然而人爲者不過大人之事，但德盛處惟己知之，「默
> 而成之，不言而信，不怒而威」，如此方是成就吾之所行大人之事而
> 已。(頁 76～77)

> 大可爲也，大而化不可爲也，在熟而已。蓋大人之事，修而可至，
> 化則不可加功，加功則是助長也，要在乎仁熟而已。(頁 77)

聖人熟化與大人勉勉之區別，不體現於外在的表現，而在於內心，大人之心是大心，而聖人之心則是化心：

> (聖人) 全與天地一體，然不過是大人之事，惟是心化也。(同上)

就外在的表現來說，聖人和大人，都可以屈伸順理，成德於己，兼濟天下，

因此從所作所為來看，大人與聖人沒有差別。然而，聖人是以「化心」而與天地合德，與日月合明，與四時合序，與鬼神合吉凶，去盡思慮而能純任自然，故其境界無進退可言；大人則是由得盡思慮而來，其「入神」是以人窺天所能達到的極限，故究其極則亦止是「人能」；正因為其要得盡思慮，故有勉勉之貌，故或有進退。聖人實質上與天為一，屬於「位天德」，而大人則尚出於天人之別「薄乎云爾」的階段，只是「合天德」。這意義上來說，大人到聖人的跨越，實際上是從人到天的跨越。處於大人階段之人，自能體會到這種「絕塵而奔，峻極於天」的區別；旁人則視大人與聖人無二，此所謂「有人於此，敦厚君子無少異於聖人之行，然其心與真仲尼須自覺有異，在他人則安能分別！」（頁77）

聖人之境，既然不是思慮勉勉所能成，則人惟有「放心寬快公平」，「以大為心，常以聖人之規模為己任，久於其道，則須化而至於聖人」（頁77）。這種「大而化不可為也，在熟而已」的修養方法，即是「存神順化」：

> 所存能靜而不能動者，此則存；博學則利用，利用則身安，身安所以崇其德也，所應皆善，應過則所存者復神。（頁218）

> 神不可致思，存焉可也；化不可助長，順焉可也。存虛明，久至德，順變化，達時中，仁之至，義之盡也。知微知彰，不捨而繼其善，然後可以成人性矣。（頁188）

學至於聖人，則其心已為化心。從心之角度，學之從學者到大人再到聖人的階段，即是從虛心至於大心再至於化心階段。廣義的說來，這一過程統稱「盡心」，盡心必至聖人而後已；狹義的說，盡心則特指作為這一過程的完成即心至於化心的階段。

前面說過，橫渠分窮理、盡性、至於命三步走的時候，強調「知」與「至」為道殊遠，盡性而後才能至於命。橫渠此說，意在強調「己有」的重要。在橫渠看來，人「五十窮理盡性，知天之命」，此則不是自至，故只是「知命」而非「至命」。橫渠還指出：

> 知及之而不以禮性之，非己有也。（頁37）

「知及之」而後還要在禮的規範下，做到純然熟化，完全出乎本性，無勉勉之貌。達到這一階段，即是「己有」；達不到這一階段，則雖然「知天命」，尚不能完全說是「己有」。橫渠認為窮理即是精義，而盡性則是入神，因此，「五十窮理盡性，知天之命」實際上即是精義入神的大人境界，至於完全「己

有」的「至於命」階段，則是窮神知化的聖人境界。由窮理而至於盡性，則大人可謂盡性；由大人而至於聖人，則是「成性」，大人成性，方位乎聖人：

> 乾之九五曰：「飛龍在天，利見大人」，乃大人造位天德，成性躋聖者爾。（頁50）

> 大人成性則聖也化，化則純是天德也。（頁76）

「成性」即是性為己有，故橫渠認為，窮理盡性以至於命與通過盡心而知天知人之說意義相同。（「天道即性也，故思知人者不可不知天，能知天斯能知人矣。知天知人，與『窮理盡性以至於命』同意。」，頁234）

四、民胞物與

窮理盡性是要「見物多，窮理多」，通過泛觀博覽而後反求諸己；盡心知性通過虛心、大心等途徑「從一本知其大源」。大體說來，似乎可以進行這樣的劃分，即窮理是求萬物之禮，屬於外向型工夫，而盡心則是擴充本有的道德意識，屬於內向型工夫。〔註17〕不管是自明至誠的窮理盡性途徑，還是虛心大心而後盡心的成聖之道，最後都要落實為「我」切身的體會：窮理盡性最終落實到「至於命」的「己有」；而盡心知性則也最終歸結為聖人境界的「成性」「實到」。經過這樣階段的「我」，則不僅已就認識上體會到「視天下無一物非我」，「陰陽、鬼神皆吾分內」，更在實踐中做到成己成物，成性成身。橫渠這一思想，即是《西銘》所闡發的「民胞物與」的理想境界。

《西銘》本橫渠書學堂戶牖之上的一段文字，橫渠名之曰《訂頑》，伊川以為易起爭端，改為《西銘》。〔註18〕其文云：

> 乾稱父，坤稱母；予茲藐焉，乃混然中處。故天地之塞，吾共體；天地之帥，吾其性。民吾同胞，物吾與也。大君者，吾父母宗子；其大臣，宗子之家相也。尊高年，所以長其長；慈孤弱，所以幼吾幼。聖其合德，賢其秀也。凡天下疲癃殘疾、惸獨鰥寡，皆吾兄弟

〔註17〕蒙培元認為，張載所謂知覺，有兩方面的意義。一是自我知覺，屬於「識心見性」一類，即自覺體認性之為性；二是向外窮理。參見氏著：《理學範疇系統》，頁200～201，人民出版社，1989年7月版。此說亦區分出了工夫上的內外之分。

〔註18〕二程《外書》，卷十一：「橫渠學堂雙牖，右書《訂頑》，左書《砭愚》。伊川曰：『是起爭端。』改之曰《東銘》、《西銘》。」《西銘》《東銘》均收入《正蒙·乾稱篇》，而分列首尾。

之顛連而無告者也。於時保之,子之翼也;樂且不憂,純乎孝者也。違曰悖德,害仁曰賊;濟惡者不才,其踐形,唯肖者也。知化則善述其事,窮神則善繼其志。不愧屋漏爲無忝,存心養性爲匪懈。惡旨酒,崇伯子之顧養;育英才,穎封人之錫類。不弛勞而底豫,舜其功也;無所逃而待烹,申生其恭也。體其受而歸全者,參乎!勇於從而順令者,伯奇也。富貴福澤,將厚吾之生也;貧賤憂戚,庸玉女於成也。存,吾順事,沒,吾寧也。(頁62〜63)

《西銘》三百餘言,於道學史上影響極爲深遠,後來學者對此頗多讚譽而又多有發揮,客觀上造成了《西銘》之旨難於辨識。〔註19〕我們對此略作分析。

「乾稱父,坤稱母」,《西銘》首二句,立乾坤爲「我」之父母,故「我」雖然如此渺小,依然能夠立於天地之間,與天地混然相處〔註20〕。充塞天地的氣,組成了我之形體,統帥天地萬物之性,即爲我之本性。《西銘》此段,實即是橫渠氣化流行說的充分發揮。因爲人與天地萬物都來源於太虛之氣,故「天地之塞,吾其體」;而來源於太虛之氣的人與萬物共同秉有的天地之性,即是我之本性,故「天地之帥,吾其性」。因爲天地之中,萬物與人皆同體同性,則他人即爲我之兄弟姐妹,而宇宙中所有的事物,則是我的夥伴,此即是「民胞物與」。

《西銘》的這段起始文字,是《西銘》整個框架的根基所在。接下來對君主大臣的描述,對尊高年慈孤弱的要求,以及後來所舉的前聖前賢種種裁成輔相的行爲,無不以此爲中心。在這裏,有兩個關鍵詞,即是「吾」與「其」。正如馮友蘭先生指出,「天地之塞,吾共體;天地之帥,吾其性」一句,是《西

〔註19〕陳俊民指出,橫渠《西銘》之旨難於辨識有兩個方面的原因,一方面,橫渠作《西銘》,是擴「前聖之未發」,是他苦心極力思參天地的結果,故不易爲人瞭解;另一方面,則是後來學者對《西銘》究詰不已,或推出「理一分殊」之旨,或得出仁孝之理、求仁之方等等,讓人無所適從。參見氏著:《張載哲學思想及關學學派》,頁85,人民出版社,1986年版。

〔註20〕「藐」,幼小,弱小。《廣雅・釋詁》:「藐,小也」。故陳榮捷《中國哲學資料書》(A Source Book in Chinese Philosophy)將「予茲藐焉」翻譯爲「such a small creature as I」(「我這樣一個渺小的生物」),整句話其翻譯爲「Heaven is my father and Earth is my mother,and even such a small creature as I finds an intimate place in theirs midst」(「天地是我的父母,即便是渺小的生物如我,也可以在天地之中找到一個與其親密無間的位置」。),參見 Wing-Tsit Chen:A Source Book in Chinese Philosophy,p497,Princeton University Press,1969。

銘》中的關鍵性的兩句話；而「吾」與「其」二字，則是關鍵性的字眼。〔註21〕「吾」即是人類之一員，也就是橫渠本人作為人類之一員而代言；「其」則是乾坤、天地。與乾坤天地相對的「吾」雖然是人類的一員，但是這個「吾」則是在窮理盡性、盡心知天的基礎上，認識到天地間我與萬物，我與他人都是息息相通的一個整體的「我」。這樣的「我」，擺脫了了「我得之私」，泯滅了人我物己的區別，故是「大我」。在「大我」的觀照中，宇宙間的任何事物，宇宙間的一切事情，都與自己有緊密的聯繫；「我」之任何動作行為，都具有放射到全宇宙的意義。

「民胞物與」體現出的是一種極高的精神境界。在這種境界中，個人對於宇宙有著充分的瞭解，對於自己在宇宙中的地位以及自己在宇宙中應盡的義務有充分的認識。人至於此一境界，則不貪戀於生，不恐懼於死，對富貴福澤與貧賤憂戚皆能泰然處之，無論處於什麼樣的情況下，都能勉勉不已，存心養性，盡當為之道德義務，盡孝於天地父母。

橫渠之《西銘》，得到了二程的高度評價。明道認為，《西銘》之意，他也已經體會到了，但是只有橫渠才有這等筆力將之極純無雜地表述出來，別人是不能夠做到的，孟子以後沒有哪篇文章能比得上〔註22〕。伊川認為，橫渠之言不能無過，乃在《正蒙》，至於《西銘》，則是「推理以存義，擴前聖所未發，與孟子性善養氣之論同功」〔註23〕。伊川甚至以《西銘》與《大學》並列為開示學者的必備書籍，可見其重視程度。〔註24〕

明道謂「《西銘》某得此意」，所指的即是他體會到的「仁者渾然與物同體」。「仁者渾然與物同體」是說，仁者是以天地萬物為一體，將天地萬物看成「莫非己也」。這種渾然同體的仁者境界，同樣是一種貫通天地，與萬物息息相關的境界。就終極的個人體驗而言，它與橫渠之「民胞物與」並無不同。不過，正如有學者指出，《西銘》以天地為父母，以宇宙為一家的民胞物與思想，從本質上講，其基礎來自對個體的人所共有的父母之親、手足之情的推

〔註21〕馮友蘭：《張載的哲學思想及其在道學中的地位》，《三松堂全集》第十三卷，頁 306，河南人民出版社，1994 年版。又見《中國哲學史新編》，第五冊，頁 137。

〔註22〕《遺書》卷二上，伯淳言：「西銘某得此意，只是須得他子厚有如此筆力，他人無緣做得，孟子以後未有人及此。得此文字，省多少言語。」

〔註23〕伊川：《答楊時論〈西銘〉書》，見二程《文集》。

〔註24〕尹焞學於伊川，半年後方得看《大學》、《西銘》。見《外書》卷十二。

廣與擴充，因而是以個體的道德情感作爲中介；而明道之仁者境界，則是在「性無內外」的基礎上完全克去己私，從而做到廓然大公，物來順應，因而不必以個體的道德情感作爲中介。〔註25〕

陳來先生指出，境界論中有「有我之境」，有「無我之境」。「無」之境界的基本意義，是消解內外刺激造成的緊張、煩躁、壓抑等心理張力，以達到心境的充實、穩定、平衡、安定；而「有」之境界，則事實上涵蓋了眾所周知的儒學的優秀精神：民胞物與的仁心，社會苦難的憂患，文化嬗延的關懷，對道德律令的敬畏等等。〔註26〕橫渠之《西銘》提倡的，正是一種建立在「大我」之上的「有我之境」。然而，正如陳來先生指出，「有」之境界與「無」之境界本身取向雖然不同，但是這不意味著二種境界互相否定。〔註27〕就橫渠來說，他主張虛心而不累於外物，大心而體天下之物，盡心而後成己成物，由此而做到「存，吾順事；沒，吾寧也」，則最後同樣能保持心境的平和與安定，因此也可以說，他是用「有我之境」統攝了「無我之境」。〔註28〕

五、小結

總的說來，本章實際討論的，是橫渠成性成身的修養方法，而不是單純討論橫渠思想中之「心」與「物」二概念。然而，橫渠所謂的天地之「心」雖然是強謂之名，但是卻是通天下萬物爲一；人之成性成身，以人合天，實際上也就是以自己的心復歸於天心。人稟受天地之氣以生，生而有形之後氣質偏於一邊，不能兼體無累，故在現實之中心存內外之隔，分物我人己；窮理與盡心等諸般工夫，即是泯滅人己物我之分隔的過程，最後做到體天下之物於一心。至於其中虛心納物、大心體物、窮物理盡人性等具體節目，多涉及二者，自然也可以用心與物之關係來統貫。

從廣義的範圍來講，天地間一氣流行，氣聚有形固然有物存在，氣不聚無形同樣有物存在，則「物」在橫渠整個理論體系中，囊括了整個宇宙。「心」

〔註25〕周晉：《讀〈有無之境〉兼論〈定性書〉》，載氏著：《道學與佛教》，頁82～83，北京大學出版社，1999年版。

〔註26〕陳來：《有無之境》，頁273～274，人民出版社，1991年版。

〔註27〕陳來指出：「無」之境界並非作爲「有」之境界的否定而出現，「無」之境界「既不需要否定世界與社會關係的實在，也不須要懸置外物或感情生活」。參見《有無之境》，頁274。

〔註28〕周晉：《讀〈有無之境〉兼論〈定性書〉》，《道學與佛教》，頁83。

與「物」關係，就是「我」與宇宙的關係。從此，則更可增進我們對橫渠「民胞物與」之理想境界的理解。按照郝大維與安樂哲的說法，中國文化傳統的特點，是「情境」（situation）高於「使然作用」（agency）：

> 中國傳統的特點，是「情境」（situation）高於「使然作用」（agency），作用者總是處於一個世界中，因此，他使根據那些構成這個世界的關係來加以規定的，這些關係確定了他的地位。這樣一種出發點否定了諸如「本質的同一性」這樣一些熟悉的觀念。中國傳統一般總是把每一個情境的關係型式的獨特性作為其基本前提……〔註29〕

在情境中，構成這一情境的事物是否存在、如何存在不是重點要討論的問題，構成情境的事物之間相對彼此展現的意義才是所要關注的。按照這個說法，「我」與宇宙之間的關係，也是一種「情境」。在這種情境關係中，宇宙對「我」須展現出其意義，而「我」之於宇宙，同樣須展現其意義。在這種意義的關聯中，宇宙與我就不是純粹的客體與主體的認知關係，宇宙間任何變化都有「我」之心的觀照，而「我」之任何行動都具有關聯全宇宙的意義。因此橫渠之「民胞物與」的思想，就是在這種意義的關聯中完全達到合一，這種合一，即是天（宇宙）人（我）合一。

〔註29〕郝大維、安樂哲著：《漢哲學思維的文化探源》（Thinking from the Han），《中文版作者自序》，頁4，施忠連譯，江蘇人民出版社，1999年版。

結　語

　　作爲道學的奠基人之一，橫渠之學說堪稱究天人之際，通古今之說，而成一家之言。本文立足於張載本人的著作，結合程朱等人的批評與褒揚，借鑒西方哲學中的某些觀點，對橫渠哲學做了新的探索，並在此基礎上對晚近一些關於橫渠思想的研究做出了有針對性的回應。

　　儘管橫渠對太虛的用法有多種，但是橫渠之太虛與氣的關係，是針對佛學與老學而展開的，是爲了批駁佛學與老學實質上分虛與氣爲二的理論，因此，太虛與氣就不能是他所批評的「二之」關係；而根據中國哲學傳統中「本體」的用法，太虛是氣的「本體」，實即是指太虛是氣的本然狀態，因此，太虛與氣皆屬於廣義上的氣；二者之間的體用關係，是廣義上的氣的體用關係。在此基礎上，橫渠所謂「神」，就是陰陽之氣屈伸往來的內在根源，「化」則是指一氣流行的整個過程；「神」只是氣之本有之性，不能將之理解成爲獨立於氣並賦予氣以運動屬性的另一實體。天性之在人爲人性，氣包括了湛一無形的本性與聚散攻取的屬性，此二者落實到人身上，就產生了人性中天地之性與氣質之性的區分；天地之性是無所不善，氣質之性由於人後天的「習」而善惡相混，故氣質之性必須要善反而至於天地之性。窮理盡性，盡心知天，人則能變化氣質，成性成身，由此，人對於自己的道德義務的有了更高層次的理解，從而能進入超越了物我、人己分別的「民胞物與」的大我境界。

　　通過對橫渠之天、道、性、心諸概念的分析可以看出，橫渠思想始終都是以一氣而貫之，由此，則橫渠之學爲氣本論應無疑義。然而更需指出，橫渠窮地稽天，勾玄探幽，其目的不是要尋求對宇宙和人生的純粹知識性的瞭解，而是要重新確認儒學天人不二、天人一體的主題。作爲道學的奠基人

之一，其「爲天地立心，爲生命立民，爲往聖繼絕學，爲萬世開太平」的四句明言，典型反映了橫渠圍繞宇宙本體與價值本體而建構其理論體系的目的與種種努力。

參考書目

一、典籍類

1. 《張載集》，（宋）張載著，中華書局，1978 年版。
2. 《正蒙會稿》，（明）劉璣著，叢書集成本，商務印書館。
3. 《注解正蒙》，（清）李光地著，四庫全書本，臺灣商務印書館。
4. 《正蒙初義》，（清）王植著，四庫全書本，臺灣商務印書館。
5. 《張子正蒙注》，（清）王夫之著，中華書局，1996 年版。
6. 《十三經注疏》，中華書局影印本，1980 年版。
7. 《論語正義》，（清）劉寶楠撰，高流水點校，中華書局，1990 年版。
8. 《論語集釋》，（清）程樹德撰，程俊英、蔣見元點校，中華書局，1996 年版。
9. 《孟子正義》，（清）焦循撰，沈文倬點校，中華書局，1987 年版。
10. 《莊子集釋》，（清）郭慶藩撰，王孝魚點校，中華書局，1961 年版。
11. 《荀子集解》，（清）王先謙撰，沈嘯寰、王星賢點校，中華書局，1988 年版。
12. 《呂氏春秋》，呂不韋輯，畢沅輯校，中華書局影印本，1991 年版。
13. 《補注黃帝內經素問》，（唐）啓玄子注，中華書局影印本，1991 年版。
14. 《春秋繁露義證》，（清）蘇輿撰，鍾哲點校，中華書局，1992 年版。
15. 《淮南子集釋》，何寧撰，中華書局，1998 年版。
16. 《論衡校釋》，黃暉撰，中華書局，1990 年版。
17. 《王弼集校釋》，樓宇烈校釋，中華書局，1980 年版。
18. 《全上古三代秦漢三國六朝文》，（清）嚴可均校輯，中華書局影印本，1958 年版。

19.《周易集解纂疏》，（清）李道平撰，潘雨廷點校，中華書局，1994 年版。

20.《五燈會元》，（宋）普濟著，蘇淵雷點校，中華書局，1984 年版。

21.《太極圖説》、《通書》，（宋）周頓頤著，上海古籍出版社影印本，1992 年版。

22.《二程集》，（宋）程顥、程頤著，王孝魚點校，中華書局，2004 年版。

23.《藍田呂氏遺著輯校》，（宋）呂大臨等著，陳俊民輯校，中華書局，1993 年版。

24.《晦庵先生校正周易繫辭精義》，（宋）呂祖謙編，叢書集成本，商務印書館。

25.《朱子語類》，（宋）黎靖德編，王星賢點校，中華書局，1986 年版。

26.《四書章句集注》，（宋）朱熹著，中華書局，1995 年版。

27.《晦庵集》，（宋）朱熹著，四庫全書本，臺灣商務印書館，1983 年版。

28.《近思錄》，（宋）朱熹撰，（清）江永集解，上海古籍出版社影印本，1994 年版。

29.《困知記》，（明）羅欽順著，閻韜點校，中華書局，1990 年版。

30.《王廷相集》，（明）王廷相著，王孝魚點校，中華書局，1989 年版。

31.《宋元學案》，（清）黃宗羲著，陳金生、梁運華點校，中華書局 1986 年版。

32.《稿本宋元學案補遺》，（清）王梓材、馮雲濠輯，北京圖書館出版社影印本，2002 年版。

33.《二曲集》，（清）李顒著，陳俊民點校，中華書局，1996 年版。

34.《宋史》，（元）脫脫等撰，中華書局，1977 年版。

35.《宋史紀事本末》，（明）陳邦瞻著，中華書局，1977 年版

36.《邵氏聞見錄》，（宋）邵伯溫著，李劍雄、劉德權點校，中華書局，1983 版。

37.《張子年譜》，（清）武澄編，光緒刻本，中國國家圖書館館藏。

38.《宋人軼事彙編》，丁傳靖輯，中華書局，2003 年版。

39.《經學歷史》，（清）皮錫瑞著，周予同注釋，中華書局，1959 年版。

二、研究類

中文著作（以作者姓氏拼音順序排列）

1. 蔡仁厚：《宋明理學》，（臺北）學生書局，1995 年（民國 84 年）版。

2. 陳俊民：《張載哲學思想及關學學派》，人民出版社，1986 年版。

3. 陳來：《宋明理學》，遼寧教育出版社，1991 年版。

4. 陳來：《朱子哲學研究》，華東師範大學出版社，2000 年版。

5. 陳來：《有無之境──王陽明哲學的精神》，人民出版社，1991 年版。

6. 陳來：《中國近世思想史研究》，商務印書館，2003 年版。

7. 陳榮捷：《宋明理學之概念與歷史》，臺北中央研究院中國文哲研究所籌備處，1996 年（民國 85 年）版。

8. 陳鍾凡：《兩宋思想述評》，上海東方出版社（重印本），1996 年版。

9. 程宜山：《張載哲學的系統分析》，學林出版社，1989 年版。

10. 丁爲祥：《虛氣相即──張載哲學體系及其定位》，人民出版社，2000 年版。

11. 丁原明：《橫渠易說導讀》，齊魯書社，2004 年版。

12. 方光華等：《關學及其著述》，西安出版社，2003 年版。

13. 馮友蘭：《中國哲學史》（二卷本），華東師範大學出版社，2000 年版。

14. 馮友蘭：《中國哲學史新編》（1～6 冊），人民出版社，1980～1989 年版。

15. 高亨：《周易大傳今注》，齊魯書社，1998 年版。

16. 龔傑：《張載評傳》，南京大學出版社，1996 年版。

17. 郝大維（David Hall）、安樂哲（Roger T Ames）：《漢哲學思維的文化探源》（Thinking from the Han），施忠連譯，江蘇人民出版社，1999 年版。

18. 侯外廬、邱漢生、張豈之主編：《宋明理學史》（上下冊），人民出版社，1984～1987 年版。

19. 黃秀璣：《張載》，臺北東大圖書公司，1987 年（民國 76 年）版。

20. 懷特海（Whitehead，Alfred North）：《過程與實在》（Process and Reality），楊富斌譯，中國城市出版社，2003 年版。

21. 姜廣輝：《理學與中國文化》，上海人民出版社，1994 年版。

22. 姜國柱：《張載的哲學思想》，遼寧人民出版社，1982 年版。

23. 姜國柱：《張載關學》，陝西人民出版社，2001 年版。

24. 今關壽麿：《宋元明清儒學年表》，北京圖書館出版社，2002 年版。

25. 卡普拉（Fritjof Capra）：《物理學之「道」──近代物理學與東方神秘主義》（The Tao of Physics），朱潤生譯，北京出版社，1999 年版。

26. 勞思光：《新編中國哲學史》，（臺北）三民書局，1990～1992 年（民國 79～81 年）版。

27. 李存山：《中國氣論探源與發微》，中國社會科學出版社，1990 年版。

28. 呂思勉：《理學綱要》，上海東方出版社（重印本），1996 年版。

29. 蒙培元：《理學範疇系統》，人民出版社，1989 年版。

30. 牟宗三：《心體與性體》（全三冊），上海古籍出版社，1999 年版。

31. 牟宗三：《宋明儒學的問題與發展》，華東師範大學出版社，2004 年版。

32. 錢穆：《宋明理學概述》，臺北學生書局，1977 年（民國 66 年）版。

33. 錢穆：《宋代理學三書隨箚》，三聯書店，2002 年版。

34. 唐君毅：《中國哲學原論・原教篇——宋明儒學思想之發展》，臺北學生書局，1984 年（民國 73 年）版。

35. 楊伯峻：《論語譯注》，中華書局，1980 年版。

36. 楊伯峻：《孟子譯注》，中華書局，1960 年版

37. 喻博文：《正蒙譯注》，蘭州大學出版社，1990 年版。

38. 余敦康：《內聖外王的貫通——北宋易學的現代闡釋》，學林出版社，1997 年版。

39. 曾振宇：《中國氣論哲學研究》，山東大學出版社，2001 年版。

40. 張岱年：《張岱年文集》（1～6 冊），清華大學出版社，1989～1995 年版。

41. 張岱年：《張載——十一世紀中國唯物主義哲學家》，湖北人民出版社，1956 年版。

42. 張岱年：《中國哲學大綱》，中國社會科學出版社，1982 年版。

43. 張岱年：《中國古典哲學概念範疇要論》，中國社會科學出版社，1989 年版。

44. 張立文：《宋明理學研究》，中國人民大學出版社，1985 年版。

45. 張立文主編：《中國哲學範疇精粹叢書・氣》，中國人民大學出版社，1990 年版

46. 張立文主編：《中國哲學範疇精粹叢書・心》，中國人民大學出版社，1993 年版。

47. 張立文主編：《中國哲學範疇精粹叢書・性》，中國人民大學出版社，1996 年版

48. 趙敦華：《西方哲學簡史》，北京大學出版社，2000 年版。

49. 趙吉惠、劉學智主編：《張載關學與南冥學研究》，社會科學文獻出版社，2004 年版。

50. 周晉：《道學與佛教》，北京大學出版社，1999 年版。

51. 朱伯崑：《易學哲學史》（1～4 冊），華夏出版社，1995 年版。

52. 朱建民：《張載思想研究》，臺北文津出版社，1989 年（民國 78 年）版。

英文著作

1. Kasoff，Ira Ethan：The Thought of Chang Tsai（1020～1077），Cambridge University Press，1984.

2. Wing-Tsit Chen（陳榮捷）：A Source Book in Chinese Philosophy，Princeton University Press，1969.

主要參考論文

1. 馮友蘭：《張載的哲學思想及其在道學中的地位》，載 1981 年《中國哲學》，第五輯。

2. 張岱年：《張橫渠的哲學》、《張載評傳》、《關於張載的思想和著述》，載《張岱年文集》第四卷，清華大學出版社，1992 年版。

3. 李存山：《「先識造化」與「先識仁」——從關學與洛學的異同看中國傳統哲學的特質及其轉型》，載《人文雜誌》，1989 年，第 5 期。

4. 陳俊民：《論呂大臨易學思想及關學與洛學的關係》（上、下），載《湛江學刊》，1991 年，第 2、3 期。

5. 姜廣輝：《張載的天人合一思想》，見其著作《理學與中國文化》，上海人民出版社，1994 年版。

6. 周熾成：《事實與價值的混同——張載哲學新議》，載《孔子研究》，1994 年，第 1 期。

7. 余敦康：《張載哲學探索的主題及其出入佛老的原因》，載《中國哲學史》，1996 年，第 1～2 期。

8. 林樂昌：《張載對儒家人性論的重構》，載《哲學研究》，2000 年，第 5 期。

9. 湯勤福：《太虛非氣——張載「太虛」與「氣」之關係新說》，載《南開學報》，2000 年，第 3 期。

10. 馮耀明：《文本詮釋與理論轉移——中國哲學文本詮釋三例》，載《中國哲學史》，2002 年，第 3 期。

11. 劉述先：《有關宋明儒學三系說問題的再反思——兼論張載在北宋儒學發展過程中的意義》，載《復旦哲學評論》，第一輯，2004 年版。

後 記

　　本書爲我的博士論文，一直認爲不夠完善，須做大大的調整與補充。可惜拿起放下，放下拿起，磨磨蹭蹭，竟一直沒有做系統的進一步修改，七、八年來一直積壓在箱底。此次蒙花木蘭出版社同意列入出版計劃，對我而言著實是一大鼓勵。也藉此機會，對該論文做了一些修改。

　　我從本科開始對中國哲學產生濃厚興趣，其時張載「爲天地立心、爲生民立命、爲往聖繼絕學、爲萬世開太平」的慨然擔當精神，以及其《西銘》體現出來的高遠精神境界已深深吸引了我。1999 年考入北京大學哲學系攻讀中國哲學專業碩士，即毫不猶豫地選擇了張載思想作爲研究對象，博士研究生期間亦一以貫之，前後共計 6 年時間。此書也主要反映了這一階段的研究成果。在此期間，先生長者，諄諄教誨，同學知己，切磋琢磨，更有親朋好友，叮嚀囑託，終日與橫渠及其他先賢爲友，樂莫大焉。期間亦經雁行折翼之痛，但最終還是較爲順利地完成了學業。這段時光我十分珍惜。

　　特別感謝吾師陳來先生多年來的悉心指導。陳師德盛貌嚴，然與人居，久而日親。我選擇以張載哲學作爲研究對象，陳師十分支持，並給予了充分的關注和親切的指導。從碩士論文到博士論文，在選題、資料收集、具體寫作等各方面，陳師傾注了大量心血。我至今保留著送呈陳師審閱的博士論文初稿，上面以鉛筆、圓珠筆等各種顏色筆體，做了密密麻麻的批註，有肯定，但更多的是提點，既指出論文在思辨及表述方面的不妥之處，亦點出具體的完善方向。陳師的關懷指導，是我能夠順利完成橫渠哲學思想階段性研究的關鍵所在。在畢業之後，陳師依然十分關心弟子，此次博士論文之所以能夠出版面世，也是陳師大力推薦的結果。離開學校之後，每每覺得有負師恩之重，但無論如何，負笈求學而入陳師門下，確爲我終身之幸。

感謝北京大學哲學系中國哲學教研室魏常海、李中華、王守常、張學智、胡軍、王博、楊立華等老師，以及我本科學習階段的指導老師、南昌大學哲學系楊柱才教授，他們在我的學業及人生道路上，均給予我以重要的指點和幫助。

也要感謝花木蘭文化出版社各位編輯，沒有他們的努力，就沒有本書的問世。

亦以此書獻給父母及我的妻子文黎暉。

2013 年 4 月 10 日

附錄一：《橫渠易說》的天人關係論 [註1]

前賢論及橫渠之學頗多，如《宋史・張載傳》謂：

> 故其學尊禮貴德，樂天安命，以《易》爲宗，以《中庸》爲體，以
> 孔孟爲法，黜怪妄，辨鬼神。

又黃宗羲《宋元學案・橫渠學案》：

> 故其學以《易》爲宗，以《中庸》爲的，以禮爲本，以孔孟爲極。

王夫之在《張子正蒙注・序》中則如此評價：

> 張子之學，無非《易》也。

而張子之言無非《易》，立天、立地、立人，反經研幾，精義存神，以綱維三才，貞生而安死。

以上諸說多以橫渠之學歸本於《易》，其說自然有據，良非虛語。《易》爲儒家根本經典之一，橫渠既然寄希望於再興儒學，以抗衡釋老，則不能不從儒家本有經典中汲取源頭活水。史載，橫渠嘉祐初年（公元 1057 年）講《易》京師，而聽者頗眾，可見這時他對《易》已然深造有得；橫渠晚年又作《正蒙》出示門人，其中如《太和》、《參兩》、《天道》、《神化》等篇篇名，直接化自《易》書，易學色彩十分明顯，而《大易》一篇，更爲橫渠說《易》的撮要 [註2]，所以「張子之學，無非《易》也」的說法，從文本比較角度而言，是可以成立的。

[註 1] 本文爲作者碩士學位論文，其中個別觀點在《張載哲學新探》中有所展開。
[註 2] 《大易》一篇，共計 62 條，其中僅有三條（第 14 條「潔淨精微」；第 22 條「聖人用中之極」；第 62 條「往之爲義」）不見於《易說》。

　　然而先賢稱許橫渠之學「以《易》爲宗」，又謂「張子之言無非《易》」，顯然不是僅從文本文字比較角度來說的，而是認爲，橫渠之學，與《易》道的根本精神，是貫通不二的。從此角度，也可以說橫渠之學就是《易》學，是《易》學思想史上的重要一環。當然，橫渠的《易》學與漢唐諸儒的《易》學又有極大差別，從體例言，最能體現橫渠《易》學思想的《橫渠易說》（以下簡稱《易說》），並未沿襲漢唐以來逐句解經的方式，其中有時對《易》文中的一句發揮甚多；有時又將《易》文中若干句連在一起解釋；甚至還有跳過若干《易》文而不予闡發的例子，這說明橫渠解《易》，目的不在疏通《易》中文字，而重在闡釋《易》理，故行文沒有一定之規。

　　據《宋史・張載傳》，嘉祐初年橫渠坐虎皮講《易》京師，一夕與二程兄弟討論，爲其折服，謂「二程深明《易》道，吾所弗及」，既而輟講；又據《行狀》，在此期間，橫渠與二程共語道學之要，渙然自信曰「吾道自足，何事旁求」，「盡棄異學，淳如也」〔註3〕，從此可見，橫渠並沒有因爲認識到自己與二程兄弟有差距就放棄自己歷年的造道所得。後來橫渠於仕途、政事間，進學不已，因與執政王安石不合，謁告西歸橫渠鎮故居，「終日危坐一室，俯而讀，仰而思，有得則識之，或中夜起坐，取燭以書」（《宋史・張載傳》）。這一番學問思辯，雖被大程目爲苦心極力，「卻是如此不熟」，然對於橫渠的學問造詣，卻甚爲有益，《范育序》謂「潛心天地，參聖學之源，七年而道益明，德益尊」，可爲佐證。

　　是以從整體角度而言，固然可以說橫渠之學即爲《易》學，但若分而論之，則不能不承認橫渠《易》學也有一個前後發展、前後深化的過程。橫渠自己曾經說過，「某向時漫說以爲已成，今觀之全未也」（《經學理窟・自道》，《張載集》頁289，中華書局1978年版，下不特別注明，皆同），若「向時」指的是橫渠體悟到「吾道自足」後渙然自信的嘉祐初年，那麼這裏的「今」指的應該就是其潛居於橫渠鎮、「道益明，德益尊」這段時光；據此大略而分

〔註3〕　此條中「盡棄異學，淳如也」，還有一種說法是「盡棄其學而學焉」，後一種
　　　　說法不合實際情況。據《伊洛淵源錄》引《二程遺書》：呂與叔作《橫渠行狀》，
　　　　有「見二程盡棄其學」之語。尹子言之，伊川曰：「表叔平生議論，謂頤兄弟
　　　　有同處則可，若謂學於頤兄弟，則無是事。〔頃年〕屬與叔刪去，不謂尚存斯
　　　　言，幾於無忌憚矣。」（頁338）朱子時尚可見此二種《行狀》傳世，朱子作
　　　　《伊洛淵源錄》，謂「橫渠之學，實亦自成一家」，（頁385）已經否定橫渠學
　　　　於二程的說法。

之，則橫渠《易》學有「自足」時期與熟化時期，前者屬於橫渠生命的早年和中年，後者屬於橫渠生命的晚年。

從橫渠的著述來講，《正蒙》之屬於熟化時期當無異議〔註4〕，至於其他著述何年所成，則多未有明確記載，故前人有「《文集》、《語錄》及諸經說等，皆出於門人之所纂集」的說法（頁247）。然而也不是毫無蹤迹可尋。因為有些著述雖然確切成書年限不可考，但其大體成於何時卻有可推斷處，如《經學理窟》的編定年限當在熙寧五年（公元1072）之後〔註5〕，至於《易說》，則極有可能為橫渠早年講《易》的記錄，這如果是事實的話，那麼它屬於橫渠思想的「自足」期，自不待言。

就橫渠《易》學思想進行階段性劃分，並不是為了否定橫渠思想本身一貫的聯繫，橫渠思想前後有極為明顯的繼承關係，如果硬行割裂這種關係顯然既不尊重歷史、又不尊重事實，但做這樣一種劃分也許並不是沒有任何的意義。如果這種劃分可以成立，則至少《易說》可作為一個更重要的個案來研究，這種研究，將有助於弄清楚《易說》的本來面目，從文本角度還歷史以真實〔註6〕；而且，既然《正蒙》和《易說》已經包括了橫渠的全部重要學說〔註7〕，那麼如果能於文本基礎上進而在《易說》與《正蒙》之間作一個對比研究，相信可以更加清晰地把握橫渠思想的脈絡和整體。

一、天易──易即氣的生生不已

橫渠說《易》，為的是讓人把握《易》之道，故而橫渠以為，入《易》的

〔註4〕 據《行狀》，《正蒙》編定於熙寧九年（公元1076），而明年（公元1077）橫渠即捐臨潼館舍。

〔註5〕 參見龔傑：《張載評傳》，頁5～11，南京大學出版社，1996年版。

〔註6〕 這主要集中於《易說》的《繫辭傳》。中華書局版《張載集》裏收錄的《易說》，以沈自彰《張子全書》為底本而以《周易繫辭精義》（據傳為呂祖謙編撰，下簡稱《精義》）中所輯張載條補正，可謂完備，但這種做法還是存在一定的危險性，一個明顯的理由，《精義》引張載條，最常見的是「張氏曰」，但還有「張氏《易說》曰」、「張氏《正蒙》曰」、「《文集》曰」、「《語錄》曰」等多種說法，表明其原來出處各異，如果將這些材料不加簡別即補入《易說》，恐失卻《易說》原來面貌，至少，考慮到《正蒙》成書年限，《精義》引張氏《正蒙》條如果僅見於今本《正蒙》而在《易說》中並無相關佐證，似不應補入《易說》。

〔註7〕 參見張岱年：《張橫渠的哲學》，《張岱年文集》第四卷，清華大學出版社，1992年版。

下手處，就是要明白《易》之何以爲《易》。古人認爲，《易‧繫辭傳》爲「聖人議論」，揭示出了《易》書的造作理由，開示出了大易的基本精神，因而爲歷來解《易》者所注重，也成爲橫渠說《易》的側重點，橫渠指出：

> 《繫辭》所以論《易》之道，既知《易》之道，則《易》象在其中，故觀《易》必由《繫辭》。（頁 176）

> 欲觀《易》先當玩辭，蓋所以說《易》象也。不先盡《繫辭》，則其觀於《易》也，或遠或近，或太艱難。不知《繫辭》而求《易》，正猶不知禮而考《春秋》也。（同上）

「繫辭」於《易》書有兩種意思，其一指《易傳》中的《繫辭傳》，其二指將卦辭與爻辭繫於相應的卦與爻下〔註8〕。橫渠這裏的「繫辭」，也可以從如上兩種意思來理解：如果「辭」指卦辭或爻辭，則「觀《易》必由繫辭」的說法突出了「辭」對《易》的重要，《易》書由象和辭兩部分組成，橫渠主張由「辭」觀《易》，說明橫渠認爲應該以「辭」顯「象」；如果「繫辭」指的是《繫辭傳》，則橫渠意在強調理解《繫辭傳》對於理解、接受《易》書開示的易道具有十分重要的作用。事實上，後一種理解或許是橫渠的主要著眼處。在橫渠看來，《繫辭傳》爲聖人「撮取眾意以爲解，欲曉後人也」，如果不諳識各種禮儀，固然無法明瞭《春秋》一書中聖人內藏的褒貶，不懂《繫辭傳》，同樣無法明瞭《易》這部經典，因而無法精確理解其中的微言大義；橫渠用於《繫辭傳》解釋佔《橫渠易說》全書篇幅近三分之一〔註9〕，由此也可以想見橫渠對《繫辭傳》的重視程度。

橫渠在《繫辭傳》中花費大量筆墨，意在昭示眾人，《易》何以爲《易》。那麼，《易》是什麼？

在解釋《繫辭傳上》「神無方而易無體」條的時候，橫渠說：

> 其言「易無體」之類，則是天易也。（頁 186）

橫渠於此明確提出「天易」概念，實爲獨到的發明。《繫辭傳》本有「《易》之爲書也，廣大悉備，有天道焉，有人道焉，有地道焉」一說，認爲《易》書統括天、地、人三才之道，自《易傳》成書到橫渠所處時代，這已經成爲

〔註8〕 參見高亨：《周易大傳各篇解題》，《周易大傳今注》，頁 3，齊魯書社，1998年版。

〔註9〕 《張載集》中《易說》篇幅爲 174 頁，而《繫辭傳》即占 57 頁。

《易》學思想史上一個不言而喻的前提。然而橫渠的「天易」，卻又不是簡單地將三才之道中的「天道」一面單獨提列，所謂：

> 「《易》與天地準」，此言《易》之爲書也，易行乎其中，造化之謂也。（頁181）

> 易，造化也，聖人之意莫先乎要識造化，既識造化，然後其理可窮。（頁206）

> 不見易則不識造化，不識造化則不知性命。（同上）

> 易乃是性與天道，其字日月爲易，易之義包天道變化。（同上）

由以上表述可以看出，橫渠所謂「天易」當指「造化」，又指「性與天道」。「造化」一詞由來已久，如《莊子・大宗師》：「造化必以爲不祥之人」、「以天地爲大爐，以造化爲大冶」，《淮南子・齊俗訓》：「上與神明爲友，下與造化爲人」，《原道訓》：「故聖人不以人滑天，不以欲亂情，不謀而當，不言而信，不慮而得，不爲而成，精通於靈府，與造化者爲人」等等。從源頭上看，「造化」一詞有較強的道家思想的印記，實際代表的就是自然界本身，即自然界裏萬物莫或使之、自然化生的情況。故而，橫渠所謂「易，造化也」，目的是爲了凸顯「天易」自然、客觀的一面，而「造化」本身又包含「創造、生化」的意思，這也暗合著《繫辭傳上》中「生生之謂易」的提法。「性與天道」源於《論語・公冶長》：「夫子之文章可得而聞也，夫子之言性與天道不可得而聞也。」就「性與天道」的原初分別而言，「性」似近人而言，而「天道」則從天立論，故統而言之則可代表天、人兩面，因此，橫渠所謂「易乃是性與天道」，即是認爲，「天易」統括天地萬物之道。

合而言之，「易即造化」與「易乃是性與天道」表達出橫渠如下看法：所謂「天易」，其最基本義、最原初義及最終極義即是造化流行，爲客觀的、獨立的；然而「天易」又並不與世間相分離，從發用角度則可分爲天、地、人三才（若單從天、人兩面而言，則於天爲道，於人爲性）。從這角度來說，則「易之義包天道變化」的說法，是將與「人道」相對待的「天道」內置於「天易」之中。

正因爲如此，橫渠思想中「天」這一概念，也可以作二重區分：第一，「天」指造化之天，在此意義上，天統括宇宙萬有，是絕對的、無對待的；第二，「天」爲造化流行發育出的萬物中與「地」、「人」並列三才中的自然之天，在此意

義上，天屬造化產物，爲造化的組成部分。從此出發，橫渠作出了如下分殊：

> 先分天地之位，乾坤立則方見《易》，故其事則莫非易也。所以先言
> 天地，乾坤《易》之門戶也。……物物象天地，不曰天地而曰乾坤
> 者，言其用也，乾坤亦何形？猶言神也。人鮮識天，天竟不可方體，
> 姑指日月星辰處，視以爲天。陰陽言其實，乾坤言其用，如言剛柔
> 也，乾坤則所包者廣。（頁177）

「天竟不可方體」，這裏的「天」就是天易、造化。普通人經常指著日月星辰之所在，說那就是「天」；當然，日月星辰所在處是可以視爲「天」，但如果僅僅停留在這些物象上，那麼對於「不可方體」的造化之天也就認識不了，這就是普通人常有的蔽病。橫渠的意思，不是反對人們認識日月星辰等物象，而是說，人們要首先認識那「不可方體」的造化之天，這樣才能眞正明白什麼是「易」。這表明，橫渠思維趨向首先是指向向上一路，其思想的邏輯起點是造化之「天」。

所謂「不可方體」的造化之天，也就是橫渠所說的「天易」，指的是通過陰陽兩端的交感來實現的大化流行。橫渠以爲，陰陽兩端的本性是相反的，陽之性常健，陰之性常順，這促使它們無時不刻不在感應摩蕩，陽消則陰長，陽長則陰消，如此則有無窮動靜產生，它們的相互消息屈伸形成了世間的一切運動變化，所謂「雖陰陽義反，取交際爲大義」（頁95），所以，「雖天下無窮動靜情僞，止一屈伸而已。」這樣的屈伸交際，也就是《繫辭傳》所謂的「一陰一陽之謂道」。

陰陽的消長都是氣的變化，因此「天易」（「造化」）也就是氣的生生不已：

> 凡不形以上者，皆謂之道，惟是有無相接形不形處知之爲難，須知
> 氣從此首，蓋爲氣能一有無，無則氣自然生，氣之生即是道是易。
> （頁207）

「氣之生」，也就是「氣之生生」，橫渠在《繫辭》「生生之謂易」條下注曰：「生生，猶進進也」（頁190），是以「氣之生」即是指氣的生生不息流轉回復的過程〔註10〕。橫渠認爲，萬物形色，山川草木，都是由陰陽之氣蒸鬱凝結而成，因爲它們是有形有色之物，人們通過自己的眼睛（橫渠稱之爲「離明」，語出《說卦》：「離也者，明也，萬物皆相見，南方之卦也」）可以看到，故而

〔註10〕參見朱伯崑：《易學哲學史》第二卷，華夏出版社，1995年版。

把它們叫做「有」；當凝聚成物的氣消散之後，原來有形有色之物消失，離明不得施，是以將這種看不見的狀態稱做「無」，在通常理解裏，「無」是絕對的空無一物，這種理解自然是錯誤的：

> 氣聚則離明得施而有形，氣不聚則離明不得施而無形。方其聚也，安得不謂之有？〔註11〕方其散也，安得遽謂之無！（頁 182）

> 天文地理，皆因明而知之，非明則皆幽也，此所以知幽明之故。萬物相見乎離，非離不相見也。見者由明而不見者非無物也，乃是天之至處。（同上）

「有」乃是氣聚成形接於目而人知之，又可謂「明」；「無」則是氣不成形目無所見而人不知，又可謂「幽」，幽明、有無並非絕對的存在與不存在之間的分別，它們只是氣顯隱聚散的不同存在狀態而已，所謂「顯其聚也，隱其散也，顯且隱，幽明所以存乎象，聚且散，推盪所以妙乎神」（頁 190），此中道理，也就是《繫辭傳》所謂的「知幽明之故」。

「有無」既為「幽明」之分，故此大易不言有無：

> 《大易》不言有無，言有無，諸子之陋也。人雖信此說，然不能知以何為有，以何謂之無。如人之言自然，而鮮有識自然之為體。
> （頁 182）

大易所說的什麼是「有」，什麼是「無」，普通人或者認識不到，或者即便認識到了也不明所以，是以即使他們相信「大易不言有無故」的道理，也不太明白說的是什麼；要解決這一困惑，橫渠以為，當先明瞭「自然之為體」。所謂「自然之為體」，橫渠指的是「太虛」：

> 氣塊然太虛，升降飛揚，未嘗止息，《易》所謂「絪縕」，莊生所謂「生物以息相吹」、「野馬」者歟！此虛實動靜之機，陰陽剛柔之始。

〔註11〕「安得不謂之有」之「有」，《易說》原文即是如此，《周易繫辭精義》引此條同，《正蒙太和篇》第 7 條則作「客」，是以校釋者亦據《正蒙》而改「有」為「客」，此處校釋若從橫渠思想整體著眼，自無問題，然在《易說》之中，惟有「有」「無」對舉，並無「無」「客」對舉，「客」之一字當為後出，如《經學理窟氣質》「學者須先去客氣」（頁 268），《學大原下》「客慮多而常心少也」（頁 284），至《正蒙》則有「客感」「客形」等說法。「客」通常與「主」相對，則橫渠之所以以「客」代「有」，正為突出氣聚為物之後出現之「慮」「形」「感」等「非本有」，只為過渡之狀態，是以此等文字之變動，正可反映橫渠思想之深化過程。橫渠自謂「某比年所思慮事漸不可易動，歲年間只得變得些文字」（頁 329），即指此類而言。

　　　浮而上者陽之清，降而下者陰之濁，其感遇聚散，爲風雨，爲霜雪，

　　　萬品之流行，山川之融結，糟粕煨燼，無非教也。（頁224）

「太虛」，或簡稱「虛」，是中國哲學史上一個重要的概念，在先秦已經出現，

如《莊子・知北遊》「遊乎太虛」，其意本指空無一物的虛廓，《廣雅・釋詁》

所謂「虛，空也」；《管子・心術》中將「虛」與天聯繫（「天曰虛」），認爲「虛

者萬物之始」，將其演變成一個宇宙論的範疇；《淮南子・天文訓》論宇宙創

生過程爲「道始生虛廓，虛廓生宇宙，宇宙生氣，氣有涯垠，清陽者薄靡而

爲天，重濁者凝滯而爲地」，認爲「虛廓」是先於氣和天地的世界本原；《內

經・天元紀大論》中說「太虛寥廓，肇基化元」，也是將「太虛」置之氣先，

作爲萬物的根本〔註12〕。

　　橫渠雖然沿襲了「太虛」這一概念，但對把「太虛」認做氣之先的宇宙

本源的說法很不贊同，在他看來，「太虛即氣」：

　　　氣之聚散於太虛，猶冰凝釋於水，知太虛即氣則無有有無〔註13〕。

　　　故聖人語性與天道之極，盡於參伍之神變易而已。諸子淺妄，有有

　　　無之分，非窮理之學也。（頁200）

從此出發，「天惟運動一氣」（頁185），「盈天地之間，法象而已」（頁182），

「方其形也，有以知幽之因，方其不形也，有以知明之故」（頁 182），「有」

（有形有象）「無」（無形無象）都統一於氣，沒有絕對的「無」（不存在），「太

虛」只不過是氣的不形狀態而已。如果將太虛當成絕對的空無，置之氣先，

這就是鼓吹「有生於無」，認同道家學說，完全沒有明瞭大易所謂「知幽明之

故」的道理。橫渠於《正蒙》中發揮了這一思想，將以上錯誤歸結爲「不識

有無混一之常」：

　　　知虛空即氣，則有無、隱顯、神化、性命通一無二，顧聚散、出入、

　　　形不形，能推本所從來，則深於《易》者也。若謂虛能生氣，則虛

〔註12〕 以上參見張岱年：《中國古典哲學概念範疇要論》，頁 59～61，中國社會科學
　　　　 出版社，1987 年版。

〔註13〕 《易說》此句缺「則無有有無，故聖人語性與天道之極，盡於參伍之」等 20
　　　　 字，校釋者引《周易繫辭精義》補，《正蒙・太和篇》第 8 條徑去中間二「有」
　　　　 字，作「太虛即氣則無無」。證之伊川答橫渠書：「觀吾叔之見，至正而謹嚴，
　　　　 如『虛無即氣則無無』之語，深探遠賾，豈後世學者所嘗慮及也。（然此語未
　　　　 能無過。）」（《伊洛淵源錄》）則或橫渠後來只論「無無」，意只在說明太虛亦
　　　　 氣；然此處「無有有無」之語不類古人行文之法，證之下文「有有無之分」，
　　　　 或此處衍一「有」字，本應作「無有無」。

無窮，氣有限，體用殊絕，入老氏「有生於無」自然之論，不識所謂有無混一之常。（頁 8）

二、易之爲書——「易即天道而歸於人事」

橫渠提出「天易」概念，目的是爲了突出易作爲氣之流行而具有的客觀、本體一面，這一面雖然不以人的意志爲轉移，但也不能說與人毫無干涉。盈天地之間法象紛紜，表裏精粗各異的事物，都出於太虛之氣，人但「物中之一物爾」，又怎能例外，人之所以能夠昂然立於天地之間，自然也體現了易道之生生。然而就人與其他由氣凝結之物品相比較而言，還是有差別的，因爲由氣凝聚成的東西有精有粗，人是其中最精最妙的，所謂「得天地之最靈爲人」。人有感覺、有理性，能夠對生生之易有所體察，《易》書的造作，也正是這一方面的體現：

> 《易》之爲書與天地準。《易》即天道，獨入於爻位繫之以辭者，此則歸於人事。蓋卦本天道，三陰三陽一升一降而變成八卦，錯綜爲六十四，分而有三百八十四爻也。因爻有吉凶動靜，故繫之以辭，存乎教誡，使人動則觀其變而玩其占，其出入以度，內外使知懼，又明於憂患與故，無有師保，如臨父母。聖人與人撰出一法律之書，使人知所向避，《易》之義也。（頁 181～182）

「道，行也，所行即是道」（頁 71），天道云者，即是指天地間氣的運行及其規則，既然「天易」就是氣的生生不已，那麼天道天易其實只是一物。「易即天道」的說法，和「易之義包天道變化」一說有相通的地方，因爲人物動植之屬都是氣化流行的產物，天地間只有一氣往來，在這個意義上，自然的天道變化就是一氣的流行，而人道、地道都由此生發，都要以這爲根本，因而，天道變化就包含了地、人二道，這也是橫渠教人體察「自然之爲體」的用意所在。

上段表明橫渠認爲《易》書即是對造化流行的「天易」的反映，這種反映，又可從如下幾個方面加以說明：

1、「象」。《繫辭傳》謂「象也者，象此者也」，「八卦以象告」，「聖人有以見天下之賾而擬諸其形容，象其物宜，是故謂之象」，故「象」作爲卦象，有「象徵」之意，指《易》書中的卦象乃是對天地間物象的象徵。「象」也指作爲被象徵的對象，這主要指「天象」，如「在天成象，在地成形」，「見乃謂

之象，形乃謂之器」，「天垂象，現吉凶」等等，因爲它指代的是沒有固定形體的事物，故又可以與有形之器對舉。「象」與「器」都是可感而知的，但是二者之間又有區別，「象」僅爲視覺的對象，「器」則是視覺及觸覺的對象〔註14〕。橫渠在《易說》中繼承了「象」的二重區分，以爲《易》書中的「象」即是對無形之象的象徵。然而橫渠所謂的無形之象，是跟氣緊密聯繫在一起的，有氣方有象，象只是氣之象，屬氣的未形狀態（「雖未形，不害象在其中」）。象的這種未形狀態離明不可觀照，所以象與形相比，象是「無」，形爲「有」，象乃「幽」，形則「明」，象屬「道」，形屬「器」（「凡不形以上，皆謂之道」，頁 207））；無形之象作爲被象徵的對象，呈現在特定的卦中，就成爲該卦的固有實質，就此意義說，這種實質都是天地間實有的東西，故而橫渠提出，「易大象皆是實事」：

　　　　《易》大象皆是實事，卦爻小象則容有寓意而已。（頁 100）

《易傳·象傳》中解釋一卦之義的，如釋《乾》卦「天行健，君子以自強不息」，需卦「雲上於天，需，君子以飲食宴樂」等，通常稱作《大象》；分別解釋六爻之義的，如釋《坤》卦初六「履霜堅冰至」爲「謂履霜堅冰，陰始凝也，馴致其道，至堅冰也」，釋《無妄》卦九五「無妄之疾，勿藥有喜」爲「無妄之藥，不可試也」之類，通常稱爲《小象》。橫渠認爲《大象》所指，都是實有的情況，故此，所謂易卦並非聖人憑空造作，而是本於天易。（「《易》說製作之意蓋取諸某卦，止是取其義與象契」，頁 214）。

　　2、「爻」。「爻也者，效天下之動也」，「道有變動，故曰爻，爻有等，故曰物，物相雜，故曰文，文不當，故吉凶生焉」，故《繫辭傳》又謂「八卦以象告，爻象以情言，剛柔雜居而吉凶可見矣」。橫渠指出，「爻者交雜之意」，意思是說，《易》之爻是對天地間陰陽二氣摩蕩交雜這一事實的反映。橫渠又指出，爻之吉凶乃是由於「剛柔雜居」而「文不當」產生，因而屬陰陽二氣摩蕩的應有產物，屬於自然的分別。從此角度，吉凶是不會有利害分別的，因爲陰陽二氣此消彼長，此屈彼伸，無所窒礙，只可以以「利」來描述，是以《繫辭傳》說「變動以利言」；但是吉凶本身就意味者有利害的分別，因爲它是對人而言的。人如果順從天地陰陽的流行，這叫做「情」，也可以叫做「誠」，如果悖於天地陰陽的流行，這就是「僞」，情若雜之以僞，就會有「情僞相感」，吉凶起而利害遂生；又如果人膠膠執著於一時的情況而不知變通，

〔註14〕以上參見張岱年：《中國古典哲學概念範疇要論》，頁 107～109。

這就是「累於其情」，也將陷于吉凶。故此，從人事來說，人們雖然都曬意於避凶趨吉、避害趨利，但是就行動的結果而言，則部分與人們如何行動相干，部分與人們如何行動不相干。所謂相干，是因為「吉凶以情遷」；所謂不相干，因為爻命有「當吉當凶當亨當否」，這是人們不可避免會遇上的、無法改變的客觀情況，對此人們只能坦然接受。是以橫渠謂：「又有爻命當吉當凶當亨當否者，聖人不使避凶趨吉，一以貞勝而不顧。」（頁 209）

3、辭。辭的基本義為《易》書中的卦辭和爻辭，《繫辭傳》以「尙辭」為「聖人之道四」中的一條特加提示，橫渠在《易說》中尤其突出了「辭」的重要，認為常人在言辭、行動中要小心：

> 凡一言動，是非可否隨之而生，所以要慎言動。「擬之而後言，議之而後動」，不越求是而已。此皆著《爻》《象》之辭所以成變化之道，擬議以教之也。凡有一迹出，便有無限人議論處。……此所以要慎言動。（頁 193）

以言辭與動作為「迹」，謂言辭動作一出，便有無限人議論處，這當然是就常識層面來說的，但事實上《易》書的「辭」，卻又超出常識層面。《易》書中的象和爻都是取法於天易的爻象，都是「實事」，這「實事」可近可遠，有幽有明。近者明者，形而下之器，都可以由離明而得之；遠者明者，形而上之象，離明不可得而施，但《易》書的「辭」卻都能將它們一一顯示，由此可以看出，「辭」有非同一般的功用：

> 形而上者，得辭斯得象矣，故變化之理須存乎辭。言，所以顯變化也。（頁 198）

形而上者，得辭斯得象矣，神為不測，故緩辭不足以盡神，（緩則化矣；）化為難知，故急辭不足以體化。（急則反神。）（頁 218）

「象」如果與有型之物對舉，則「象」幽「物」明，但如果將其作為氣運動變化的外在表現及結果，則又不然。橫渠於《繫辭傳》「變化進退之象」條下注釋云：「進退之動也微，必驗之於變化之著，故察進退之理為難，察變化之象為易」（頁 180），這是說，「象」著「理」微，必須通過「觀象」而「察理」。

聖人在《易》書中觀象設卦並繫之以辭，目的自然是用辭來彰顯天易即陰陽二氣的運動變化，但這是否即意味著常人只需通過把握言辭就可把握形而上之象？或者說，掌握天道變化的關鍵是否就在言辭之中？橫渠顯然不會

這樣認為。因為如果事實果真如此，那客觀的天道變化就盡在於主體的言辭，這樣不但有取消陰陽二氣流行的客觀性的嫌疑，而且與橫渠立太虛為本體的旨趣相悖。這種理解就事實來說也不可能。因此，雖然人們借助於作為工具的「辭」可以把握形而上之象，但不能因此就說，「象」就實際存在於「辭」中，沒有「辭」就沒有「象」。

另外，所謂「得辭斯得象」，似乎也暗示著這樣一種看法：既然「象」必須經過「辭」才能彰顯，那麼「辭」顯然是不可或缺的。橫渠的這種看法，顯然與傳統中的「言意之辯」有關。「言意之辯」始於《繫辭傳上》：「子曰：『書不盡言，言不盡意。』然則聖人之意，其不可見乎？子曰：『聖人立象以盡意，設卦以盡情偽，繫辭焉以盡其言，變而通之以盡利，鼓之舞之以盡神。』」「言」、「象」、「意」原來的意思分別指《易》中的卦辭、卦象、卦意，但在後來的討論中卻遠遠超出了這一範圍。魏晉之時王弼曾指出，「盡意莫若象，盡象莫若言」，「言生於象，故可尋言以觀象；象生於意，故可尋象以觀意」，又進而指出，「意以象盡，象以言著。故言者所以明象，得象而忘言，象者所以存意，得意而忘象」。由此，王弼認為：

> 忘象者，乃得意者也；忘言者，乃得象者也。得意在忘象，得象在忘言。〔註15〕

這就是中國哲學史上極具特色、影響極大的「得象忘言」、「得意忘象」理論。橫渠早年「訪諸釋老，累年究極其說」，在這過程中，對王弼的這種理論應該有所瞭解〔註16〕。從意思上來看，「得辭斯得象」與「得象在忘言」兩說法正相反對。因此，將橫渠的這種說法視為其對王弼理論的反駁，或許於事實不會有太大出入。

王弼「得象忘言」的看法誇大了言辭作為認識媒介在認識過程中的相對局限性，從而將言辭視為「得象」的障礙，認為必須徹底拋棄言辭這一不完備的媒介才能完全把握「象」，這歸根結底是由他「以無為本」的理論決定的。在王弼看來，「道者，『無』之稱也，無不通也，無不由也，況之曰『道』，寂然無體，不可為象」〔註17〕，「凡有皆始於無」〔註18〕，作為本體與生發諸「有」

〔註15〕以上引王弼均見其著作：《周易略例·明象》，《王弼集校釋》（樓宇烈校釋），頁 609，中華書局，1980 年版。

〔註16〕橫渠在《易說》中贊許輔嗣解《繫辭傳》「遊魂為變」（詳下），這說明，橫渠對輔嗣的思想有所瞭解。

〔註17〕王弼：《論語釋疑》，《王弼集校釋》，頁 624。

根源的「無」，是不具有任何具體屬性的抽象化了的絕對，在認識它的時候自然不能通過「言」和「象」來把握，必須「忘言」才能「得象」（「忘象」才能「得意」）。橫渠既然立太虛爲本體，認爲沒有絕對的空無，「無」只是無形可狀，那麼在認識這形而上的無形之氣時，顯然沒有必要像王弼那樣將歷階而升的認識道路塞斷，故而橫渠言：

> 有此氣則有此象可得而言，若無則直無而已，謂之何而可？是無可得名。故形而上者，得辭斯得象，但於不形中得以措辭者，已是得象可狀也。（頁 231）

由「辭」進而把握形而上之象，這也是橫渠的教人學《易》的目的，因爲聖人造作《易》書，目的不外是讓人從中受益：

> 《易》象繫之以辭者，於卦既已具其意象矣，又切於人事言之，以示勸誡。（頁 205）

> 因爻有吉凶動靜，故繫之以辭，存乎教誡。（頁 181～182）

《易》書之辭能盡理而無害，而常人每一言出，是非可否總是隨之而生，不能無蔽，那麼如果常人能於《易》書之辭深加體味，也可由此進而體察到卦爻辭所顯現的天易之象，從而把握天易的「實事」。

《易》書之所以能完整眞實地再現天易於言辭中，是因爲《易》書造作者（聖人）已經達到窮神知化、德盛仁熟的境界，換言之，德如聖人已經可以與天合一，是以《易》書之辭才可以「盡理而無害」；從此反觀，可知如果未能達到聖人那樣的修養，言辭豈能無蔽：

> 學未至乎知德，語皆有病。（頁 198）

知德之難言，知之至也，《孟子》謂「我於辭命則不能」，又謂「浩然之氣難言」，《易》謂「不言而信存乎德行」，又以尚辭爲聖人之道，非知德，達乎是哉？（同上）

人言「命」字極難，辭之盡理而無害者，須出於精義。《易》有聖人之道四，曰「以言者尚其辭」，必至於聖人然後其言乃能無蔽。（同上）

基於以上理由，橫渠認爲「辭不可不修」。我們當可理解，橫渠所謂「修辭」乃是「進德」的同義語。

從以上對《易》書「象」、「爻」「辭」等三個方面的論述中可以看出，橫

〔註18〕王弼：《老子注》，《王弼集校釋》，頁 1。

渠認爲，《易》書本於天易，其卦辭、卦象、爻辭、爻象都是對天易完整、客觀的描述，天易與《易》書是客體與摹本、實物與影像的關係；聖人造作《易》書的目的是爲了指點常人，常人如果能夠深加玩味《易》書所命，那麼對天易應該會有所體會，如此一來，其行動舉止當可稍合造化流行，從而使自己少受或免於戕害。

橫渠論述《易》之爲書的目的，在於揭示出「易即天道而歸於人事」的道理。我們知道，在橫渠看來，天道和天易是二而一的關係，只不過是一氣流行的不同說法而已，天道即爲天易之流行，天易流行之本有規則即爲天道；從而，在太虛本體的高度看來，陰陽二氣即是貫穿天人的樞紐，天道實際上是天道人事一以貫之。所以，在橫渠思想中，天人之合，非爲後得，乃是本然。

因此，在橫渠思想裏，不僅天道變化與天易不可強做區別，所謂造化之天及自然之天的分別，也不過是爲明晰橫渠思路所做的暫時的區分，對於橫渠本人而言，造化豈非就是自然？然而之所以要強作這種分別，是因爲如此才能明瞭，橫渠開示學者的大要在於，人們必須超越尋常物象，必須不被耳目聞見所限制，應當首先體認大化流行不可方體之天〔註19〕；如果由此明瞭橫渠徑指向上一機的苦心，那麼，魚已得則筌可忘，這些分別必須放棄。

三、天人之分——天道無爲，人道有爲

橫渠雖然從一開始即直指向上一路，然而造道的最終目的依然需要落實於人事。《范育序》謂橫渠稽天窮地之思的本始動機，是「閔乎道之不明，斯人之迷且病，天下之理泯然其將滅也」，這是儒家學者傷民如己、博施濟眾本有情懷的必然流露。從此角度，也可以說橫渠的思維趨向最終仍是指向現實一路。

橫渠以太虛之氣立本，以陰陽二氣統貫天地自然和人類社會，風雨霜雪、山川融結等萬品之流行都是「糟粕煨燼」，得天地之最靈則成爲人，天之生物如此參差不齊，那麼在否是有意爲之？對這一問題，橫渠有明確回答：

〔註19〕有學者指出，關學與洛學的最大差異是其下手處，橫渠教人先識造化，二程兄弟教人先識仁，確實是眞知灼見。參看李存山：《「先識造化」與「先識仁」——從關學與洛學的異同看中國傳統哲學的特質及其轉型》一文，《人文雜誌》，1989 年第 5 期。

天不能皆生善人，正以天無意也。（頁189）

橫渠在這裏雖然是從作用層面來否定天爲意志主體，但這樣說的基礎在於，太虛之氣聚散萬物的過程中，莫或使之，自然發生，只有陰陽兩端的屈伸相感無窮，並沒有任何意志主宰其間，因而也可以說是從本體高度著眼。

　　天並非意志主體，而現實生活中，人的行動舉止莫不是有意爲之，這恰好和天之無意成爲鮮明的對照。如此，天人之別自然浮出水面：

> 神則不屈，無復回易，「鼓萬物而不與聖人同憂」，此直謂天也，天則無心，神可以不詘，聖人則豈忘思慮憂患？雖聖亦人爾，焉得遂欲如天之神，庸不害於其事？聖人苟不用思慮憂患以經世，則何用聖人？天治自足矣。（頁189）

> 聖人所以有憂患者，聖人之仁也，不可以憂言者，天也。蓋聖人成能，所以異於天地。（頁189）

> 老子言「天地不仁，以萬物爲芻狗」，此是也，「聖人不仁，以百姓爲芻狗」，此則異矣。聖人豈有不仁？所患者不仁也。天地則何意於仁？鼓萬物而已。聖人則仁爾，此其爲能弘道也。（頁188～189）

> 有兩則須有感，然天之感有何思慮？莫非自然。聖人則能用感，何謂用感？凡教化設施，皆是用感也，作於此化於彼者，皆感之道，聖人以神道設教是也。（頁107）

「雖聖亦人也」，「所以異於天地」，橫渠非常明瞭這一點，故以下對天人之道的分殊顯得順理成章：

> 《繫》之爲言，或說《易》書，或說天，或說人，卒歸一道，蓋不異術，故其參錯而理則同也。「鼓萬物而不與聖人同憂」，則於是分出天人之道。（頁189）

「鼓萬物而不與聖人同憂」，語出《繫辭傳上》。按《繫辭傳上》此一段爲：「一陰一陽之謂道，繼之者善也，成之者性也，仁者見之謂之仁，智者見之謂之智，故君子之道鮮矣。顯諸仁，藏諸用，鼓萬物而不與聖人同憂，盛德大業，至矣哉，富有止謂大業，日新之謂盛德，生生之謂易。」其中「鼓萬物」的主體，指的是一陰一陽，所謂「不與聖人同憂」，即是說一陰一陽鼓動萬物的過程屬自然無爲，因而，橫渠在這對天人之道作出分殊實有其經典上的根據。事實上，《繫辭傳》這一條蘊藏著的天人分別，在橫渠以前有不少思想家注意

到。例如侯果就曾經說過「聖人成物不能無心，故有憂；神道鼓物，寂然無情，故無憂」〔註20〕。對天人何以會有這種分別，也有思想家作過探討，其中，王弼的說法影響很大，他認為：「聖人雖體道以為用，未能捨無以為體，鼓順通天下，則有經營之迹也。」〔註21〕

橫渠也贊同王弼的某些說法，如王弼解《繫辭傳上》「精氣為物，遊魂為變」為：「精氣氤氳，聚而成物，聚極則散，而遊魂為變也，『遊魂』，言其遊散也」〔註22〕，橫渠評曰「輔嗣所解，似未失其歸也」；王弼的解釋以物為氣聚的結果，認為氣散物亡就是「遊魂為變」，這與橫渠「氣之聚散於太虛」的說法有相通之處，所以得到橫渠贊許。但是如果從「以無為體」的角度，立「有」「無」為天人分別的樞紐，以聖人未能「捨無以為體」為關鍵，那麼橫渠堅決不能同意。

從王弼看來，思慮憂患的意識，屬於聖人經營之迹，出乎聖人之情。但聖人不僅需要體道以為用，更需要「至無以為體」，不僅能夠體察到「無」，甚至本身還要和這個「無」融為一體，這就是所謂的「聖人體無」，是王弼理想中的至高境界〔註23〕。從這種境界下觀，那麼聖人的經營之迹顯然屬於不當，如果停留在這種經營之迹上，那肯定將被拖累。從這可以看出，王弼對聖人的經營持一種不太信任的態度。橫渠則不然，在他看來，聖人的經世之用是必須的，因為「有吉凶利害，然後人謀作，大業生；若無施不宜，則何業之有」（頁204）。天既然無思無慮，不能都生善人，當然不可能「無施不宜」，所以必須要有聖人來明物理，正人倫。因而聖人的思慮憂患，雖然不像天地一樣無情無為，然而惟其如此，是以不可或缺，所謂「聖人苟不用思慮憂患以經世，則何用聖人？天治自足矣」。

天地之間既然只有一氣往來，天本無思無慮，無情無為，但《易》書中有所謂「天地之心」、「天地之情」、「天地大義」之類的說法，這又是怎麼回事？橫渠指出，這些話不能從字面上去理解：「如云義者出於思慮忖度，《易》言『天地之大義』，而天地固無思慮。『天地之情』、『天地之心』皆放此」（頁127）。橫渠據此提出了「讀書不當以文害辭」的方法，以這種方法為指導，

〔註20〕《周易集解纂疏》頁561，中華書局，1994年版。
〔註21〕《王弼集校釋》，頁542。
〔註22〕同上書，頁540。
〔註23〕對王弼「聖人體無」的分析，見《中國哲學史》，頁202，北大中哲教研室編著，北京大學出版社，2001年版。

橫渠還指出《繫辭傳上》「能研諸侯之慮」一句中，「侯之」二字爲衍文，應該說，這與現代的相關研究是一致的。橫渠一向主張「學貴心悟」，認爲「守舊無功」，「讀書不當以文害辭」正是這種「學貴自得」主張的體現。

橫渠要疏通經典之中的意思或許容易，而天人之道的分別在邏輯意義上也並不矛盾，因爲天的無思無爲本乎造化一氣的流行，人道的思慮憂患則屬現實中人的本有表現，二者立足的基點既然不同，出現分別自然不值得大驚小怪。然而從橫渠的思想整體來看，兩者之間的確又有矛盾。我們知道，人也是一氣流行的產物，人道與天道從本始角度是合一的，那麼，無思無爲如何統貫思慮憂患？再則，從人的角度，具有思慮紛紜的人如何可以達到與天合一？常人怎樣才能夠達到聖人盡理無害、一任造化流行、完全與天合一的高度？

四、天人不須強分──「若分別則是薄乎云爾」

太虛之氣聚而爲萬物，萬物散而復歸於太虛，這一過程永無休止，在這裏就有兩個問題需要回答，一是太虛何以能夠聚散萬物，二是太虛與萬物是什麼關係。

有研究者指出，橫渠的「太虛」徹底消除了「有生於無」的宇宙生成論思想殘餘，完成了從宇宙論到本體論的轉變〔註24〕；作爲本體的太虛，在流行發育萬物（具體可見之氣）之後並沒有退出此在世界，它和萬物（氣）是相即不離的關係，這就是所謂的「虛氣相即」〔註25〕。這些研究可以說是解決了上面的第二個問題，第一個問題即太虛聚散萬物的內在機制仍然需要在橫渠的著述中尋找答案。橫渠嘗謂：

> 太虛之氣，陰陽一物也，然而有兩體，健順而已。亦不可謂天無意，陽之意健，不爾何以發散和一？陰之性常順，然而地體重濁，不能隨則不能順，少不順即有變矣。有變則有象，如乾健坤順，有此氣則有此象可得而言，若無則直無而已，謂之何而可？是無可得名。故形而上者，得辭斯得象，但於不形中得以措辭者，已是得象可狀

〔註24〕 參見余敦康：《內聖外王的貫通──北宋易學的現代闡釋》頁294，學林出版社，1997年版。

〔註25〕 參見丁爲祥：《虛氣相即──張載哲學體系及其定位》，人民出版社，2000年版。

也。今雷風有動之象，須得天爲健，雖未嘗見，然而成象，故以天
道言，及其法也則是效也，效著則是成形，成形則地道也。若以耳
目所求及理，則安得盡！如言寂然湛然亦須有此象，有氣方有象，
雖未形，不害象在其中。（頁 231）

橫渠在這指出，太虛之氣統包陰陽二體，具有健順兩方面的性質，陽有健的
性質，在太虛中處主導地位；陰有柔順的性質，隨順陽的變化而變化；陰陽
兩端摩盪交感，產生無窮變化，而這兩端的交感神妙不測，故又可稱爲「神」。
值得注意的是，橫渠在這提出了「亦不可謂天無意」的觀點，這觀點與橫渠
論天人分別時得出的結論大不一樣，必須略作分殊。

首先要明白的是，這裏的「意」是指「健」，屬於兩體中陽的一面的本然
性質，並非指思慮憂患等情感方面的內容；而在「天不能皆生善人，正以天
無意也」裏，「意」恰恰指思慮憂患等方面的內容。因此，「意」在橫渠表述
中是一詞而有二義，兩種意思不能混淆。

「意」之於經典，向來是和作爲主體的人聯繫在一起，如《論語》有「毋
意」，《大學》論「誠意愼獨」，本來意思就是指人所特有的思慮、情感。上古
視天爲人格神，故《尚書》中多有所謂的「意志之天」。這種聲音在春秋戰國
時已大爲減弱，先秦思想家已經初步意識到天人之間有所區別，故而有「天
道遠，人道邇」、「天何言哉」之類的說法，發展到荀子，於是總結出「明於
天人之分」，兩漢儒學大講天人感應，董仲舒提出「人副天數」說，將天人進
行類比，這個時候的「天」，還是一個有意志、可以降福降災的主體，故而兩
漢讖緯之說勃興，符瑞貞祥大行其道，事實上又是復歸到遠古時代視天爲人
格神的思想之中。時至魏晉，玄風大暢，學者多以天屬自然無爲，這可以說
是對兩漢思想的反動。到了唐宋，學者大多否定了「意志之天」的看法，比
如與橫渠過往甚密的伊川就說：「皇天震怒，終不是有人在上震怒，只是理如
此」〔註26〕；因此，橫渠論天無「意」，雖然有自己的理論基礎，也有思想史
上的淵源。

既然橫渠以「意」來形容「陽之健」，這種賦予「意」一概念以兩種含義
的做法，實在值得玩味。儒家六經之中，記載天是「有意」的地方實在是太
多了，「皇天震怒」之類比比皆是，如果可以給「意」進行一種創造性的解釋，
則既可以疏通經典，同時也可以在這種重新解釋中引發出自己的思想。橫渠

〔註26〕《二程集》頁 290，中華書局，1981 年版。

借用這一通常的詞彙來表述新的內容，可謂用「舊瓶」來裝「新酒」。

橫渠在解釋《易》書中「天地之心」、「天地之情」、「天地大義」等說法時，事實上都是「舊瓶裝新酒」。這種賦予特定概念以不同一般的含義的做法，顯然給後來的研究者帶來了很多不便；但是對於橫渠自己而言，它的便利之處同樣是顯而易見的，概念的多重含義給思想的具體內容帶來了無窮的豐富性與靈活性，例如：

> 《復》言「天地之心」，《咸》、《恒》、《大壯》言「天地之情」。心，內也，其原在內時，則有形可見，情則見於事也，故可得而名狀。……大抵言「天地之心」者，天地之大德曰生，則以生物爲本者，乃天地之心也。地雷見天地之心者，天地之心惟是生物，天地之大德曰生也。雷復於地中，卻是生物。《象》曰：「終則有始，天行也」，天行何嘗有息？正以靜，有何期程？此動是靜中之動，靜中之動，動而不窮，又有甚首尾起滅？自有天地以來迄於今，蓋爲靜而動。天則無心無爲，無所主宰，恒然如此，有何休歇？（頁113）

「心」、「情」、「德」等都是帶有極強主體色彩的詞彙，從橫渠關於天人分別的角度來說，本來是只能適用於作爲意志主體的人的。然而天地之中，大化流行，恒然如此，雖屬無心無爲，而陰陽兩端的交感運行，自有其客觀規律、自然功能；而且，天地之間萬物生生不息，事實上就可以說天地是以生物爲本，從這一方面，又怎麼不可以說這就是「天地之心」？是以橫渠說：「大抵言『天地之心』者，天地之大德曰生，則以生物爲本者，乃天地之心也」。

這裏的「天地之心」特指的是「天地是以生物爲本」這一客觀事實，它顯然有別於人類諸慮紛擾的「心」，故而橫渠強調：

> 天本無心，及其生成萬物，則須歸功於天，曰：「此天地之仁」也。
> （頁266）〔註27〕

可以看出，從認同老子的「天地不仁」到這裏提出「天地之仁」，對於橫渠來說並不矛盾。因爲這裏涉及到一個對同一事物使用不同觀察視角的問題。「天地不仁」是從太虛本體著眼的，所以太虛之氣發育萬物只是陰陽兩端的屈伸，是一個自然過程，這是一種以「天」爲準的、由天到人的思維方式；「天地之仁」則是從人的角度立論，在人的眼中看來，從天地生物的生生不息這一事

〔註27〕此條見《經學理窟·氣質》。

實中，可以體會到一種大德即「仁」，這種思維方式實際上是由「人」而反觀「天」。或許我們可以這樣說，「天地不仁」僅僅是一種價值中立的事實描述，而「天地之仁」則將人的價值範疇賦予同一事實，從中挖掘出了意義與價值。就這個角度講，說橫渠思想混同了事實和價值也不為過。〔註28〕

顯然，不能批評說橫渠的這種做法不恰當。從我們現在的觀點看，天地萬物等外在於主體的客體，的確是不待主體的意識而客觀存在，但如果這些客體永遠是完全獨立於主體，根本不進入主體的視野，那麼我們怎能知道它們的情況？比如說康德的「物自體」，它既然與現象界不發生任何關係，那人們唯一能做的，就只有將其懸擱。所以客體必須在與主體發生了聯繫，成為了主體意識的觀照對象，從而成為了打上主體烙印的客體，對於人來說才有意義。這種客體，自然不同於它們的本來面目，原來它們只是一種純粹存在，而在經過主體意識的觀照之後，它們已經具有了價值與意義。

用現在的眼光來看古代的問題難免會有以今釋古的嫌疑，但是我們應該看到，橫渠是堅決反對將天地生萬物完全自然化的，而且這個立場始終沒有改變。《繫辭傳下》謂「《益》常裕而不設」，橫渠說「『設』謂『虛設』」，又說「益物必誠，如天之生物，日進日息；自益必誠，如川之方至，日增日得」（頁228）；「天之生物」和「川之方至」在這都是經過了主體意識映像的客體；而且，橫渠始終堅信，人為得天地之最靈，他與山川草木等神化糟粕、造化無情之物有極大區別，如果將「天地不仁」的觀點奉行到底，那麼人在天地間默默無為，完全被動服從造化安排，又如何能顯出人的最靈，人的異於山川草木之處？是以橫渠有言：

> 聖人苟不用思慮憂患以經世，則何用聖人？天治自足矣。（頁189）

橫渠這樣的考慮，是否還是以天歸天，以人歸人，將天人分為兩截？顯然，對於橫渠個人的主觀意圖而言，這是不可接受的。故而，儘管認同老子的「天地不仁」的思想，橫渠的初衷即天人一體的思想依然不會有所改變，橫渠需要找到一個結合點，將天人分別融入到天人一體的框架中，證明人道不異天道，天人其實一道。「禮」就是這樣一個結合點：

> 時措之宜便是禮，禮即時措時中見之事業者，非禮之禮，非義之義。
> 但非時中皆是也。（頁192）

〔註28〕 參看周熾成：《事實與價值的混同——張載哲學新議》，《孔子研究》，1994年第1期。

禮亦有不須變者，如天敘天秩之類，如何可變！（頁 193）

禮不必皆出於人，至如無人，天地之禮自然而有，何假於人？天之
生物便有小大尊卑之象，人順之而已，此所以爲禮也。學者有專以
禮出於人，而不知禮本天地之自然，告子專以義爲外，而不知所以
行義由內也，皆非也，當合內外之道。（頁 193）〔註29〕

現實生活中，人總須遵循一定的禮儀規範，這種禮儀規範調整社會中人與人
之間的關係，從而使整個社會得以和諧運轉。禮儀規範在表現上，自然會有
小大尊卑的分別，這種分別由人而有，自無疑問，從此角度，可謂「禮」出
於人。然而橫渠以爲，如果認爲「禮」是完完全全屬於人的造作，與天地毫
不干涉，則又錯誤。其理由是：天地生物，本來就有小大尊卑的分別，本來
就有秩序，（「生有先後，所以爲天秩，小大高下相併而相形焉，是謂天序。」，
頁 19）此其一；這種小大高下先後的分別既然是天秩天序，那它顯然是先於
人的存在，「不假於人」，不待人而有，此其二；人類別貴賤尊卑之禮，即是
對天地之禮的摹仿，此其三。故而橫渠指出，先有天地之禮的秩序，而後才
有人類之禮的秩序，人類之禮的秩序不過是對天地之禮的秩序的模仿與表
現。天地之間陰陽二氣運行無方，其間自有固定不變的東西，人類社會的禮
儀裏因此也有不變的秩序（主要指「小大尊卑」）。天地之間卻又總在發生具
體的變化，是以人類社會的具體禮儀規範也需要與時推移，順應變化。所謂
「時措之宜便是禮，禮即時措時中見之事業者」，具體的禮儀規範是適應特定
的時空環境而制定的，當特定環境已經改變，那麼具體的規範也需要改變。
從這角度，所謂「非禮之禮，非義之義」就需要作出分殊：

非禮之禮，非義之義，又不可以一概言，如孔子喪出母，子思不喪
出母，又不可以子思守禮爲非也，又如制禮者小功不稅，使曾子制
禮，又不知如何，以此不可易言。（頁 192）

孔子謂非禮勿視聽言動，孟子認爲「非禮之禮，非義之義，大人弗爲」，不合
禮儀規範的言談舉止，就是「非禮之禮，非義之義」，一般而言，這種舉動自

〔註29〕此條《易説》本無，校釋者引《精義》補。按《繫辭傳》有「觀其會通以行
其典禮」之説，橫渠此段當以其爲根據而發揮。實際上「禮」所本之「時中」
説，橫渠已在《蒙》卦下闡之甚明，且由告子之「義外」説，橫渠亦已據此
而加以批判，故橫渠之禮説或不與《易説》同出，而其屬於橫渠思想早中期
當無疑問。在橫渠鎮時橫渠教學者有以「禮」爲本之舉，此後關中學者用禮
漸成風俗。此亦可反證橫渠關於「禮」之思想成型較早。

然應予否定。但橫渠指出，如果「時」已變而人順已變之「時」行動，則其舉動很有可能會違背現成的禮儀規範，很容易被目爲「非禮之禮，非義之義」，從而和眞正的「非禮之禮，非義之義」混淆，這種事情是很難說的清楚的。從根本上來說，「禮」既具有穩定性的一面，也具有變通性的一面，《繫辭傳上》上說「觀其會通以行其典禮」，橫渠認爲，「會通」應該成爲「典禮」的永恒前提。

「禮」雖出於人但其根據卻在天地之間，從此可以反觀橫渠的天人關係。從這一角度，則人類社會中的種種規範，都是本乎天地，換言之，天道乃是人道的根基，甚至可以說，天道即已涵蓋人道，是以橫渠指出：

> 天人不須強分，《易》言天道，則與人事一滾論之，若分別則只是薄乎云爾。自然人謀合，蓋一體也，人謀之所經劃，亦莫非天理。
>
> （頁 232）

這裏的「不須」兩字尤其值得注意。「不須」就是不必要，這個表述首先就暗示著天人有別；其次，這個表述的側重點是要人不執著於這種分別，因爲分別只是現象，現象背後隱藏著的眞正本質是天人一體，是以所謂分別只是「薄乎云爾」。

至此，橫渠顯示出其學說並未截斷天人。天道無思無爲固然與人道有思有爲有所區別，但是人道思爲恰恰本乎天道，故而從根本上說，天人分別正是以天人一體爲前提。揭示天人之別，並不是要人執著這種分別，反而，其目的是提醒學者，所謂分別一定要在體認天人一體的基礎上加以審視。如果若不明了這一基礎，執著於天人分別，橫渠指出，有可能會產生兩種弊病：一是得人而遺天，認爲人類社會的行爲完全由人類自己決定，此爲是內非外；一是得天而遺人，專任天地自然的支配，忽視主體的能動作用，這是「義外」，「不知所以行義由內」。這兩種做法都是錯誤的，正確的做法應該是「合內外之道」。

五、與天合一──精義入神、窮神知化

要怎樣才能做到「合內外之道」，《易說》並沒有作太多的具體的說明，但在《正蒙・乾稱篇》中，橫渠云：

> 釋氏語實際，乃知道者所謂「誠」也，天道也。其語到實際，則以人生爲幻妄，以有爲爲疣贅，以世界爲陰濁，遂厭而不有，遺而弗存。就使得之，乃誠而惡明者也。儒者則因明致誠，因誠致明，故

> 天人合一，致學而可以成聖，得天而未始遺人，《易》所謂不遺，不
> 流，不過者也。（頁 65）

所以，「內外之道」即是由人道而體察到天地間造化流行的「誠」，由造化而
明乎人道大要之「明」；前者因明致誠，後者由誠致明，這樣就是誠明兩進，
「得天而未始遺人」，是以能夠天人合一。

　　以上這條雖然不見於《易說》〔註 30〕，但通過它我們大體上可以明瞭橫
渠天人合一思想的進路。橫渠的天人合一，從天人一氣的角度立論，可謂「由
天及人」，這是原始的合一。儒者「因明致誠」，由此致力而達到聖人境界，
就可以不思不勉，從容中道，與天合一，此可謂「由人及天」。這種合一，我
們可以把它叫做後得的合一。顯然，在立天立極之後，如何達到天人合一的
境界就成為橫渠論述的重中之重。

　　由此，橫渠的「天人合一」思想，可以作「潛在」和「現實」的兩重區
分：從天人一氣的角度，則人類的行為必然可以上合大化流行，不違陰陽變
化，這叫理當如此，實際上是一種可能性，所以是「潛在」；在現實之中，人
們通過精進努力，消除了一己之私，一曲之見，最終德盛仁熟，成就聖人境
界，這就是「現實」。如何把「潛在」變為「現實」？這是橫渠的功夫論和修
養論所要回答的問題。在探討之前，我們先來看看橫渠思想中和這密切相關
的幾個概念。

（一）「變」「化」「神」

　　天地間一氣往來，聚散攻取百途，其間陰陽屈伸萬方，變化無窮，幽明
難測，略作分殊，則有「變」與「化」：

> 變，言其著；化，言其漸。（頁 70）〔註 31〕

「變」，指在陰陽兩端交感過程中產生某種顯著的結果，對橫渠而言，真正意
義上的「變」，乃是「遊魂為變」中的「變」，這種「變」是「形聚為物，形
潰反原」，也就是「物之聚散於太虛」，是「對聚散存亡為文，非如螢雀之化，
指前後身為說」（頁 184）〔註 32〕；「化」，則是指陰陽兩端交感的全過程，在

〔註 30〕此條亦見現《張載集》中之《易說》（見頁 183），校釋者引《精義》補；然據
　　　　《精義》，此條為引《正蒙》補，既然引自《正蒙》，可反證《易說》中本無
　　　　此條。

〔註 31〕此條又見頁 198，校釋者引《精義》補。

〔註 32〕此條前有「與范巽之言」，今《易說》不載，《精義》引用時作「又《語錄》
　　　　曰」，然今《語錄》亦不載，原文只見今本《正蒙乾稱篇》，全文分為四條（第

這過程中，有時有顯著的結果出現，人們可以看到這一顯著的結果，然而在更多時候，總是無聲無息地發生著，不被人們察覺；「化」是無時不刻不在進行，「變」則只是指出現了某一顯著結果，根據《繫辭傳上》「化而裁之謂之變」及「化而裁之存乎變」等提法，橫渠提出：

> 乾坤交通，因約裁其化而指別之，則名體各殊，故謂之變。（頁206～207）

> 「變則化」，由粗入精也，「化而裁之謂之變」，以著顯微也。「化而裁之存乎變」，存四時之變，則周歲之化可裁；存晝夜之變，則百刻之化可裁。（頁208）

「變」與「化」並不是質量互變規律中質變與量變的區別，這一點已有研究者闡明[註33]。現在研究者大多以「著變」和「漸變」來區別二者，這種看法由橫渠「變言其著，化言其漸」而來，較為準確。需要強調指出的是，「變」和「化」並不是對等的一組概念。打一個不太恰當的比喻，「化」好比一條無限延伸的直線，它上面有若干個比較顯著的端點，這些點將大化之流行裁成若干段，在特定的一段中，通過比較前後兩點的不同，人們可體察到其中發生了微妙變化，是以給這一段的微妙變化總體上叫做「變」。這一段一段聯繫起來，整條變化的直線就顯露了出來，這就是「以著顯微」；「變」雖然是「化而裁之」，但事實上又並沒有截斷大化流行，在顯著的「變」後面，陰陽之氣以更為微妙方式繼續流行，這就叫做「由粗入精」。是以在橫渠思想中，「化」是中心概念，是絕對的、無條件的，所謂「須臾之化則知須臾之傾必顯，一日之化則知一日之況有殊」（頁197），從根本上說，「變」是「化」的一種形式。

萬化流行，神妙之極，陰陽交感，變幻莫測，以其神妙，以其莫測，故

12\13\14\15），省略前面「與范巽之言」，且後無「輔嗣所解，似未失其歸也」10字。由《精義》可以看出，此條本為一整體，為橫渠答范育（巽之）之記錄，後橫渠集歷年所得而成《正蒙》，將之收錄並稍作改動。故此條雖只見於今本《正蒙》，然其思想之成型顯然更早。按此條中謂「體不偏滯，乃可謂無方無體，偏滯於晝夜陰陽者物也，若道則兼體而無累也，以其兼體也故曰一陰一陽……」，而橫渠之「兼體」思想，即「一物兩體」思想，在《易說》裏已然成型，且在《易說》中亦有「兼體」一說：「易非天下之至精，則辭不足以待天下之問，非深責不足以通天下之志，非通變極數，則文不足以成物，非周知兼體，則其身不能通天下之故，不疾而速，不行而至也。」（頁200）。

〔註33〕參見朱伯崑：《易學哲學史》（第二卷），頁297～298。

可曰「神」：

> 有所感則化，感亦有不速，難專以化言，感而遂通者神，又難專謂
> 之化也。（頁 201）

在橫渠看來，天地間惟有陰陽兩端的交感，其交感產生各種顯著與不顯著的
變化，這叫做「有所感則化」；天地萬物生生不息由兩端交感產生，這一過程
之所以能夠通達無間，卻又不可以從過程本身中尋找原因，這就是「感而遂
通者神，又難專謂之化也」，因此，「神」是描述何以兩端交感可以通達無間
的範疇。

「神」之由來，又是因為有兩端在：

> 一物兩體，氣也。一故神，（兩在故不測。）兩故化，（推行於一。）
> 此天之所以參也。（頁 204）

所謂「兩體」就大方面可統括為陰陽，如果分而論之，則有虛實、動靜、聚
散、清濁等等；「兩體」與「一物」地關係，是「兩不立則一不可見，一不可
見則兩之用息」、「有兩則有一」、「無兩則安用一」（頁 233）。氣是一物而合兩
體（橫渠又稱為「太極」），兩體摩盪不已，由此出發，氣的發用無窮無盡，
人莫之其向，是以惟有以「神」才可描述，從這角度，則「神」為鼓動天下
的原因：

> 鼓天下之動者存乎神。（頁 205）
>
> 天下之動，神鼓之也，神則主乎動，故天下之動，皆神之為也。
>
> （同上）

《繫辭傳上》謂「神無方而易物體」，神易的無方無體，都只是一物而合兩體
（「兼體」）的必然表現：

> 《易》非天下之至精，則辭不足以待天下之問；非深，不足以通天
> 下之志；非通變極數，則文不足以成物。……非周知兼體，則其神
> 不能通天下之故，不疾而速，不行而至也。（頁 200）

這雖然是對《易》書的說明，實際上也可以指天易，因為天易造化的流行，
生生不已，變化多端，故無定體；「神」的妙用，其用不窮，又以其不測，故
無定方。

既然天易即是一氣流行，而「神」為兼體之氣的本然作用，則「神」的
發用，必然表現為天易，天易的無方所無定體，也不過是「神」鼓動的結果，
因此，神易只為一事。

人類要完全順應大化流行，必須要做到「知化」，而要做到「知化」，最重要的莫過於在「神」上下功夫，「窮神」方能「知化」，順應大化流行。到達這一境界，也就已成爲聖人。這種境界沒有那麼容易達到，就次第來講，在這之前，還有一個階段：「精義入神」。

（二）精義入神

「精義入神」，首先須做到「精義」。所謂「義」者，「義有精粗」，天地之大義，就只在陰陽的屈伸，故而從整體看來，「精義」只是隨順陰陽屈伸，「行其所無事」而已：

> 天下何思何慮，明屈信之變，斯盡之矣。（頁 215）

> 天下何思何慮，行其所無事，斯可矣。（頁 215）

「行其所無事」典出《孟子‧離婁》，意在強調個人不必妄加思慮，這也就是「必有事焉而勿正心，勿忘勿助長」的意思。「天下何思何慮」則出於《繫辭傳》。橫渠以此說明，人道大要，只在「心盡安泰寬裕」，如此則能做到「待彼伸則己屈，彼屈則己伸」。明此大要，則不惟隨順陰陽，也可見事於未萌，可以「知幾」。所謂「幾」，「幾者象見而未形者也」，（頁 221），幾就是指陰陽二氣運動變化的苗頭，通過它能夠識別出變化的微妙趨向，橫渠認爲，要做到「知幾」，宜存志靜，「虛靜則知幾」（頁 184）。

義既有精粗，則「精義」也具有相應的具體內容，這就是「窮理」，所謂「窮理則至於精義」（頁 217）。橫渠認爲，窮理就可以突破耳目聞見的局限，至於所窮的「理」，可以是物之理，也可以是人事之理。窮理又是一個漸進的過程：

> 窮理亦當有漸，見物多，窮理多，從此就約，盡人之性，盡物之性。
> 天下之理無窮，立天理乃各有區處，窮理盡性，言性已是近人而言也。既窮物理，又盡人性，然後能至於命，命則又就己而言之也。
> （頁 235）

所謂見物多，窮理多，已有提倡逐物而思，逐事而見的意思，而天下之理卻又無窮，如果一味泛觀博覽，則有可能迷失自我於無窮之中，這顯然有違橫渠本意。是以橫渠指出，窮理首先要「立天理」。所謂立天理，是要從「一德見其大源」，實際上就是體察到天地間惟有氣之聚散，兩端相感；與這相補充的，是在具體行動中，要抓住一些主要枝節，也就是橫渠所謂的「經」：

> 易簡理得則知幾，知幾然後經可正。天下達道五，其生民之大經乎！

經正則道前定，事豫立，不疑其所行，利用安身之要莫先焉。

（頁179）

「天下達道五」，出自《中庸》，指君臣、父母、兄弟、朋友、昆弟，從此可見，橫渠所謂窮理、「精義」，主要並非指向純粹物理，更多爲人倫世界。

由「精義」即可做到「今日撰次來日所行必要做事」，從此即可「得盡思慮，臨事無疑」，可「事豫吾內，求利吾外」，從而達到「入神」。既然已經可以「得盡思慮，臨事無疑，故而，「精義入神，豫而已矣」，「精義入神，豫之至也。」（頁217）

由「精義」而至於「入神」，雖然說來容易，行之實難。且不說天地間的各色物品無窮，儘管立了天理就各有區處，要沒有一個廣博的知識基礎（這裏的「知識」是指廣義的，物理人倫都包括在裏面），恐怕也輕易做不到「事預吾內，索利吾外」。更何況人見識有不明，行事有不熟，更有各種私意夾雜其間，哪能輕易就與天地相似，橫渠自己的造道歷程實可爲代表。橫渠自述：「某學來三十年，自來作文字說義理無限，其有事者皆只是億則屢中，譬之穿窬之盜，將竊取室中之物而未知物之所藏處，或探之於外人，或隔牆聽人之言，終不能自到。」（頁288），看來橫渠自己也沒有達到「精義入神」、「得盡思慮」的地步，二程評橫渠的境界是「賢人說聖人事」，可謂至當〔註34〕。

窮理既多，由此反約，則可略明特定個體的陰陽稟受；由此各各不同的稟受，又可明瞭個體之間何以會有各各不同的遭遇；前者爲「盡性」，後者爲「至於命」。橫渠由此提出，「窮理」「盡性」「至於命」是三個階段，不能混同爲一：

「知」與「至」爲道殊遠，「盡性」然後「至於命」，不可謂一，不窮理盡性即是戕賊，不可至於命，然至於命者，止能保全天之稟賦，本分者且不可以有加也。既言窮理盡性已至於命，則不容有不知。

（頁134）

橫渠以「窮理」「盡性」「至命」爲三個階段，在二程兄弟看來，是屬於節節

〔註34〕《伊洛淵源錄》載：問西銘如何，伊川先生曰：「此橫渠之粹者也。」曰：「充的盡時如何？」曰：「聖人也。」「橫渠能充盡否？」曰「言有多端，有有德之言，有造道之言。有德之言說自己事，如聖人言聖人事也；造道之言則智足以知此，如賢人說聖人事也。橫渠道盡高，言盡淳，孟子後儒者都無他見識。」（轉引自《張子語錄·後錄上》，《張載集》，頁336～337。）伊川此處，雖甚爲褒揚橫渠，然仍以爲橫渠未能充盡。

分殊，不免太多，因爲在他們看來，「窮理」、「盡性」、「至命」只是一事。〔註35〕但橫渠這樣做自有他自己的道理。且不論在橫渠看來學有次第，學有遠近〔註36〕；就現實中進學涵養而言，如果以三者爲一事，則有可能省去「窮理」的階段而直指「性」與「命」，由此得來的「性」「命」，則不惟有流於空疏之弊，甚至於根本上就是錯誤的。橫渠在這明顯將矛頭指向釋氏之說。釋氏「緣起性空」理論教人直悟萬物皆無自性，爲非眞非實有，從而務必要去人迷戀於此岸世界紛紜現象的執著。這在情況，橫渠看來，正是不經過「窮理」階段而直指「盡性」與「至命」所造成的，因此不僅其性命之說空疏無用，而且陷入否定此岸世界實有的大弊病中。是以橫渠特別指出，「窮理」實爲區別儒家與釋氏的關鍵：

> 釋氏元無用，故不取理。彼以有爲無，吾儒以參爲性，故先窮理而
> 後盡性。（頁 234）。

（三）窮神知化

窮理才能至於精義，精義則至於入神，入神則能貫穿天下義理，有以待之，可以利用安身，做到事豫吾內，素利吾外。「入神」之說，顯然主要側重於主體內部的「得盡思慮」。是以橫渠說，「精義入神，故不待接物」；然而入神的表現，則爲「臨事無疑」，又不能說跟外面的事物人情一點關係都沒有。況且，撰次預備總歸要在思慮之中考慮如何行事接物，如此又怎能說不與物接？所以，「君子何嘗不接物，人見君子閒坐獨處，不知君子接物在其中」（頁217）

精義要窮盡人物之理，入神爲得盡思慮臨事無疑，要做到這點，在現實中，難免表現爲「苦心極力之象」；但對於橫渠而言，精義入神只是「入於神」而已，並非極至，最終人要達到的，乃是「窮神知化」：

> 「何思何慮」，行其所無事而已。下文皆是此一意。行其所無事，惟

〔註35〕 程顥以爲：「『窮理盡性以至於命』三事一時並了，元無次序，不可將窮理作知之事，若實窮的理則性命亦可了」。見《二程集》（1），頁15。

〔註36〕 《二程集》（1），頁115：張載針對「三事一時並了」之觀點，提出：「亦是失於太快，此義盡有次序，須是窮理，便能盡得己之性，則推類又盡人之性，既盡得人之性，須是並萬物之性一齊盡得，如此然後至於天道也。其間煞有事，豈有當下理會了？學者須是窮理爲先，如此則方有學，今言知命與至於命，盡有遠近，豈可以『知』便謂之『至』也？」此條正可與上「『知』與『至』爲道殊遠，『盡性』然後『至於命』，不可謂一」相互發明。

務崇德，但妄意有意即非行其所無事，行其所無事，則是意、必、固、我已絕。今天下無窮動靜情偽，止一屈信而已，在我先行其所無事，則復何事之有！日月寒暑之往來，尺蠖之屈，龍蛇之蟄，莫非行其所無事，是以惡其鑿也。百慮而一致，先得此一致之理，則何用百慮！慮雖百，卒歸乎理而已矣。……憧憧往來，心之往來也；不能虛以接物而有所繫著，非行其所無事也。精義入神，豫而已。學者求聖人之學以備所行之事，今日先撰次來日所行必要作事。如此，若事在一月前，則自一月前栽培安排，則至是時有備。言前定，道前定，事前定，皆在於此積累，乃能有功。天下九經，自是行之者也，惟豫而已。撰次豫備乃擇義之精，若是則何患乎物至事來！精義入神須從此去，豫則事無不備，備則用利，用利則身安。凡人應物無節，則往往自失，故要在利用安身，蓋以養德也。若夫窮神知化則是德之盛，故云「未之或知」，蓋大則猶可勉而至，大而化則必在熟，化即達也。「精義入神以致用」，謂貫穿天下義理，有以待之，故可致用。窮神是窮盡其神也，入神是僅能入於神也，言入如自外而入，義固有淺深。（頁215～216）

「精義入神」又叫「勉勉」，「窮神知化」則是不勉而中，不慮而得。精義入神屬大人之事，窮神知化則是聖人之事。大人之事，可修而至，聖人之事，則惟在熟而已，不可加功，這叫「大可為也，大而化不可為也」（頁 77）。既然不可加功，則惟有「放心寬快公平以求」：

見幾則義明，動而不括則用利，屈信順理則身安而德滋。窮神知化，與天為一，豈有我所能勉哉？乃德盛自致爾。大抵思慮靜乃能炤物，須放心寬快公平以求之，乃可見道。況德性自是廣大，《易》曰「窮神知化，德之盛也」，豈淺心可得！（頁 218）

「精義入神」，利用安身，這是大人之事，過此以往，未知或知。而大人與聖人，實際上很難分別。聖人和大人，都可以屈伸順理，成德於己，兼濟天下，從別人看來，根本就沒有差別。但如果人到大人的階段，則能自見自明，知道自己還需要「勉勉」，稍不「勉勉」，就可能會有退步，這跟聖人無有進退的德盛仁熟相比，還是差了一個層次。所以橫渠說：「有人於此，敦厚君子無少異於聖人之行，然其心與真仲尼須自覺有異，在他人則安能分別！」（頁 77）

　　聖人之境，非是思慮勉勉所能成，人惟有「放心寬快公平」，虛以接物，「以大爲心，常以聖人之規模爲己任，久於其道，則須化而至於聖人」（頁77）。這種「大而化不可爲也，在熟而已」的修養方法，又叫「存神」：

> 所存能靜而不能動者，此則存；博學則利用，利用則身安，身安所以崇其德也，所應皆善，應過則所存者復神。（頁218）

> 神不可致思，存焉可也；化不可助長，順焉可也。存虛明，久至德，順變化，達時中，仁之至，義之盡也。知微知彰，不舍而繼其善，然後可以成人性矣。（頁188）

由上可以看到，人如果由「精義」而至於「入神」，已能做到言中倫，行中矩，無少異聖人之行，何以橫渠必要達窮神知化而後已？原因在於，由橫渠看來，雖然前者表現出來的迹象和聖人類似，但是僅能入於神，其德未足以知化，故少不勉勉既有進退。這亦說明前者的心性修養還沒到火候，「尚不足以爲己有」，非是「成性實到」。橫渠務要使人明白，盡性非易，成性尤難，學者縱使可由現實中完成修齊治平等各方面的事功，然而如果其德未盛，仁未熟，則事功有可能無法保持長久。尤有進者，儒者如果沒有內在德性的支持，不能渙然自信，事功方面可能會受不良影響，更可怕的則是有可能陷入異學之中而不可自拔，這就是造成「自孔孟沒，學絕道喪千有餘年，處士橫議，異端間作，若浮屠老子之書，天下共傳，於六經並行，而其徒侈其說，以爲大道精微之理，儒家之所不能談講，必取吾書爲證，世之儒者亦自許曰：『吾指六經未嘗語也，孔孟未嘗及也』，從而信其書，宗其道，天下靡然同風」〔註37〕現狀的原因。由此，橫渠痛切指出，「學爲賢人而不爲聖人，此秦漢以來學者之大蔽也」〔註38〕。秦漢以來儒者之所以不明，儒家大道之所以日漸式微，都是學者不以聖人規模要求自己，不以盛德爲大業的基準，是以行事不熟，見識不明，爲釋老之說大開方便之門。故而橫渠與諸生講學，「每告以知禮成性變化氣質之道，學必如聖人而後已」〔註39〕。務必要學者以達聖人之境，窮神知化作爲最終目的。在橫渠看來，學爲聖人不僅是個體的最高追求，同時也是重振儒學的關鍵。

〔註37〕 《范育序》，《張載集》，頁4～5。
〔註38〕 《宋史·張載傳》，《張載集》，頁386。
〔註39〕 同上。

結　語

　　橫渠關於天人之間關係的探討，實際上是中國思想史上源遠流長的「究天人之際」傳統的一個表現。張岱年曾經指出：「天人關係論，是人生論的開端，由宇宙論到人生論，第一步便是天人關係論。」又說：中國哲學中，關於天人關係的一個有特色學說，是天人合一論。中國哲學中所謂『天人合一』，有二意謂：一天人本來合一，二天人應歸合一。關於天人本來合一，有二說：一天人相通，二天人相類，天人相類說如漢董仲舒，天人相通說則始於孟子，大成於宋代道學。〔註40〕

　　橫渠所論天人關係，實可歸結爲天人相通基礎上的天人合一。這種合一，由天人一氣（天人同質）出發，歷知天始可知人、由知人而必至知天的兩個部分，最終重新確認儒學天人不二、天人一體的永恒主題。在這種確認過程中，橫渠吸收和借鑒了儒家價值系統之外尤其是道家的許多思想資料，通過這種吸收和借鑒過程，這些資料的意義已經發生了改變。正如四庫館臣所謂：「其說《乾象》用『迎之不見其首，隨之不見其後』語，說《文言》用『谷神』語，說『鼓萬物而不與聖人同憂』用『天地不仁以萬物爲芻狗』語，皆借老子言而實異其義，非如魏晉人合老易爲一者也。」〔註41〕從這角度，顯然不能說橫渠闡釋老是陽避其名而陰用其實。

〔註40〕以上均參見張岱年：《中國哲學大綱》，頁173～182，中國社會科學出版社，1982年版。

〔註41〕《橫渠易說》頁2，見《四庫易學叢刊》之《溫公易說‧橫渠易說》，上海古籍出版社，1989年版。

附錄二：中國古代哲學中的「本體」概念考辯〔註1〕

　　清朝學者陳確認為：「『本體』一詞，不見經傳，此宋儒從佛氏脫胎來者。」〔註2〕這一說法，顯然有見於宋儒著述中才出現大量「本體」用語、此後「本體」遂成定語的事實，但是卻未必準確。本文擬對中國古代哲學中「本體」一詞的來龍去脈做一番考察。

一、「本」概念與「體」概念

　　作為合成詞的「本體」，來源由「本」和「體」這兩個單字。要瞭解「本體」一詞的意思，似有必要從「本」概念與「體」概念的意思說起。

　　「本」可指草木的根、幹，如《詩經·大雅·蕩》：「枝葉未有害，本實先撥」，又如《莊子·逍遙遊》：「吾有大樹，人謂之樗。其大本擁腫而不中繩墨，其小枝捲曲而不中規矩。」轉而有事物的根本的意思，如《論語·學而篇》有若說「君子務本，本立而道生」。「本」也有根據的意思，如《周易·乾·文言》：「本乎天者親上，本乎地者親下」。另外，本還有原始，本原的意思，如《禮記·樂記》：「樂者，音之所由生也，其本在人心之感於物也。」「本」通常可與「末」相對，如《大學》說「物有本末，事有終始」。

〔註 1〕　本文始發於《中國哲學史》，2005 年第 1 期，主要觀點亦吸收進了《張載哲學新探》。
〔註 2〕　陳確：《瞽言》四，《與劉伯繩書》。

　　「體」的意思較多，它既可表示人與事物的全體（如：《大學》「心寬體胖」，《莊子‧秋水》「此其比萬物也，不似毫末之在馬體乎？」），又可以表示全體的一部分（《論語‧微子》「四體不勤，五穀不分」，《孟子‧公孫丑上》「子夏、子游、子張皆有聖人之一體」）。「體」通常還有事物的法式、規矩的意思，如《管子‧君臣上》：「君明，相信，五官肅，士廉，農愚，商工願，則上下體。」尹知章注曰：「上下各得其體也。」此外，「體」還有一種比較特殊的用法，可指卦體或者占卜的卦兆，如《詩經‧衛風‧氓》：「爾卜爾筮，體無咎言」。「體」在先秦時候已經出現過與「用」相對而言的提法，如《荀子‧富國》「萬物同宇而異體，無宜而有用，爲人數也。」〔註3〕

　　從起源上看，「本」雖然有草木之根、幹的意思，但是其根本、根據、本始等含義，與器物的形狀、象狀等有較大距離；這種距離，在道家關於「本」的看法得到了突出體現。據《莊子‧天下篇》記載：「以本爲精，以物爲粗，以有積爲不足，澹然獨與神明居。古之道術有在於是者，關尹、老聃聞其風而悅之。」這裏所謂的「本」，實際上是指老子所謂的「道」。道爲本，爲精，從而與爲粗之物對立起來。相對來講，「體」的含義跟物象之間的關係比較密切。作爲表示全體或是全體的一部分的「體」，與器物的形狀、形體關係甚密；而作爲法式、規矩意義上的「體」，則必須有一個載體，這個載體往往也是具體事物或以物化形式表現出來（前面「各得其體」，載體就是君臣等人；另外「體」若指文章的體例與風格，則其載體爲文章〔註4〕）；卜筮意義上的「體」，則指通過筮草與龜貝等物表現出來的吉凶之兆。

　　如果說《易傳》「形而上」與「形而下」的區分是從形與不形的角度來區分的〔註5〕，那麼我們或許可以說，「本」概念近於「形而上」，「體」概念近於「形而下」。從此二概念發展而來的「本體」概念，介乎形與不形之間，既具有不離物象的特點，又具有超越物象的可能。

〔註3〕這裏的「體用」，與後來玄學和理學理解中的體用關係大有差別，參見張岱年先生文章：《中國哲學中的本體觀念》，載《安徽大學學報》（哲社版），1983年第3期。

〔註4〕許慎：《說文解字敘》謂：「自爾秦書有八體」，轉引自《王力古漢語詞典》，頁1698，中華書局，2000年6月第1版。

〔註5〕參見張載：《橫渠易說》關於《繫辭傳》「形而上者謂之道，形而下者謂之器」的解釋：「形而上者是無形體者，故形而上者謂之道也；形而下者是有形體者，故形而下者謂之器。」《張載集》頁207，中華書局，1978年8月第1版。

二、「本體」一詞之最初起源及其含義

張岱年先生指出：「本體一詞，始於晉代」，並舉西晉司馬彪解釋《莊子·駢拇》「而侈於法」一句時說「性，人之本體也」以爲證明〔註6〕。其實在司馬彪之前，本體一詞已經開始得到應用。如西漢大儒京房在解釋「臨」卦之時，認爲「震入兌，二陽剛，本體陰柔，降入臨」；另外，在解釋「未濟」一卦之時，又有「陰陽二位，各複本體，六爻交互，異於正像」的說法，這是目前所瞭解到的關於「本體」用法的最早記載。〔註7〕

另外根據唐李鼎祚《周易集解》：

（否卦九五爻辭：「休否，大人吉；其亡其亡，繫於苞桑。」）「繫於苞桑。」荀爽曰：「包者，乾坤相包也；桑者，上玄下黃，以象乾坤也。乾職在上，坤體在下，雖欲消乾，繫其本體，不能亡也。」

（旅卦《象傳》：「旅，小亨，柔得中乎外而順乎剛，止而麗乎明，是以小亨，旅貞吉也。旅之時義大矣哉！」）「象曰：『旅小亨。』」

姚信曰：「此本否卦，三五交易，去其本體，故曰客旅。」

荀爽（128～190），東漢穎川穎陰（今河南許昌）人，字慈明，一名諝，生於漢順帝永建三年（公元 128 年），卒於漢獻帝初平元年（公元 190 年）。姚信《三國志》、《晉書》均未單獨列傳，生卒年不詳，然而根據《三國志·陸遜傳》記載，姚信爲陸遜外甥，吳末帝（烏程侯孫皓）時曾任太常〔註8〕。他們生活的年代顯然早於作爲西晉高陽王司馬睦之長子的司馬彪。

除經部之外，史部也於東漢末年出現過「本體」的用法。據《後漢書·應奉傳附子劭傳》，應劭刪定律令爲《漢儀》並奏之漢獻帝，其書云：

〔註6〕 司馬彪此條見唐陸德明：《經典釋文》引：「司馬云：『性，人之本體也。駢拇、枝指、附贅、縣疣，此四者各出於形性，而非形性之正，於眾人爲侈耳。』」（轉引自清郭慶藩：《莊子集釋》頁 312，中華書局，1997 年 10 月第 8 次印刷）。此處「本體」意思頗爲難解，或許可以借用王叔之《義疏》所謂「性者，受生之質」（同上）來解釋，指人性之本來面貌。
張岱年先生的說法參見其文章《中國哲學中的本體觀念》。
〔註7〕 參見《京氏易傳》。按：此二條作爲目前所知最早使用「本體」一詞的材料，筆者轉引自於強昱著：《本體考原》一文，見《中國哲學與易學》，頁 284，北京大學，2004 年 4 月版。
〔註8〕 參見《三國志·陸遜傳》：「……既不聽許，而遜外生顧譚、顧承、姚信，並以親附太子，枉見流徙。」又，《三國志·吳主五子傳》：「……寶鼎二年七月，使太守大匠薛羽營立寢堂，號曰清廟。十二月，遣守丞相孟仁、太常姚信等備官僚中軍步騎二千人，以靈輿法駕，東迎神於明陵。」

……逆臣董卓，蕩覆王室，典憲焚燎，靡有孑遺，開闢以來，莫或
茲酷。今大駕東邁，巡省許都，拔出險難，其命惟新。臣累世受恩，
榮祚豐衍，竊不自揆，貪少雲補，輒撰具《律本章句》、《尚書舊事》、
《廷尉板令》、《決事比例》、《司徒都目》、《五曹詔書》及《春秋斷
獄》凡二百五十篇。蠲去複重，爲之節文。又集駁議三十篇，以類
相從，凡八十二事。其見《漢書》二十五，《漢記》四，皆刪敍潤
色，以全本體。其二十六，博採古今瓌瑋之士，文章煥炳，德義可
觀。其二十七，臣所創造。豈繁自謂必合道衷，心焉憒邑，聊以藉
手。……

其中「刪敍潤色，以全本體」的提法，「本體」也是以合成詞的形式出現。應
劭此書奏於建安元年（公元 190 年）。根據以上幾例材料，「本體」一詞起始
於晉代的說法是不太確切的。

「本體」的早期用法可概括如下：

1. 本體指事物原有之體狀。如《江表傳》中所謂「歷陽縣有石山臨水，
高百丈，其三十丈所，有七穿駢羅，穿中色黃赤，不與本體相似，俗相傳謂
之石印」〔註9〕，這個「本體」指的是石山以及其色澤外貌；另外如《北史·
彭城王勰傳》記載，孝文帝元宏爲彭城王元勰所作詩改動一字，並說「雖琢
一字，猶是玉之本體」，此處本體，指的是原詩本有的風貌。

2. 早期「本體」的用法與《易》有密切關係。它或指一卦之所象，如荀
爽條所謂「本體」，指得是坤卦所象之黃色〔註10〕。或指陰爻與陽爻在卦中所
處之體位，如前京房謂「本體陰柔」。再如姚信「三五交易，去其本體」，按
照後人的解釋，是「五本乾，之三仍乾，是去本體而客它所，故獨取象客旅」
〔註11〕，即指陽爻的「本體」是一卦的第五爻位。雖然這些「本體」用法各
各不同，但是與它們都與《周易》有關是不爭的事實，因此陳確所謂「『本體』
一詞，不見經傳」的提法，似並不確切。

3. 本體可指本有之體例。如《北史·高允傳》：「至於書朝廷起動之迹，
言國家得失之事，此爲史之本體，未爲多違。」〔註12〕此處所謂「史之本體」，

〔註 9〕 虞溥：《江表傳》，見《三國志·吳書·孫皓傳》注。
〔註10〕 參見清李道平疏：「坤陰雖欲消乾，然繫於玄黃之木。黃亦坤之本體，消亦安
　　　　能遽亡也。」《周易集解纂疏》，頁 178，中華書局，1994 年 3 月版。
〔註11〕 同上書，頁 490。
〔註12〕 《北史·高允傳》。

即指史書所應具備的體例；此外如《文心雕龍》所謂「本體不雅，其流易弊」（《諧隱第十五》）、「規範本體謂之鎔，剪截浮詞謂之裁」（《鎔裁第三十二》），皆指文章之體例。

可以看出，早期「本體」一詞側重於物象本有之體狀、體例、體位，這種用法可說一直是中國哲學中「本體」概念的應有之義；然而早期「本體」一詞表現出來強烈依賴並局限於物象的特點，從這一角度說，「本體」一詞沒有完成其哲學概念化的過程。

三、隋唐時期「本體」的哲學概念化

隋唐時期，本體一詞已經有進一步的應用。它與《周易》的關係在此階段也有表現，如《舊唐書·志第二·禮儀二》所謂「八純卦之本體，合二十四爻」，這裏的「本體」即指乾、坤、震、巽、坎、離、艮、兌等八個經卦各自具有的三爻；另外，「本體」可指本然的、實際的情況，如唐隆元年（公元710 年）七月六日頒佈《寬宥逆人親黨敕》，所謂「欲明本體，而有司所奏，尚未該詳」。〔註13〕

中國文化史上隋唐時期最引人注目的事件是佛教得到空前的發展。佛教於東漢傳入中國，在經歷了初期用玄學格義佛學的階段之後，此時已經進入了全面發展的教門與宗門時期，〔註14〕在佛教典籍中，本覺、本性、本心、本來面目等等說法大量出現。「本體」一詞則漸成流行。如法藏云「謂真如本體亦是可遣之法」〔註15〕，這裏的「本體」也就是真如的同義語；另外如《大日經》（《大毘盧遮那成佛神變加持經》，善無畏、一行譯）第七卷記載：「一身與二身，乃至無量身；同入於本體，流出亦如是」的說法，這裏所謂的「本體」，是指相對於應身而說的真身，也就是諸法的根本自性。

佛學化的「本體」用法的出現，在「本體」一詞的發展演變史具有特別重要的意義。如前所說，「本體」一詞從「本」概念與「體」概念而來，有不

〔註13〕見《唐大詔令集·寬宥逆人親黨敕》。按此敕令為寬宥所謂「逆人」的親屬，後面有「其親累人貶拘者，所司宜更詳審，務令折衷，重申朕意。咸使坦懷，俾爾周行，以凝庶績」等語，可知所謂「本體」即是指「其親累人貶拘者」等實際情況。

〔註14〕馮友蘭先生將佛教與佛學在中國的發展概括為三個階段：格義、宗門、教門，參見氏著《中國哲學史新編》第4 冊，頁 213～214，人民出版社，1986 年9 月版。

〔註15〕法藏《大乘起信論義記》卷中本。

離物象的特點，又有超越物象的可能；而在早期的用法當中，其不離物象的
特點得到充分展示，但是超越物象的一面卻無從體現。但是隨著隋唐時期佛
學化的「本體」用法的出現，這一切都發生了極大的變化。

在佛學裏，真如兼有真實不虛與如常不變兩層意思；所謂「一切諸法，
從本已來，離言說相，離名字相，離心緣相，畢竟平等，無有變異，不可破
壞，唯是一心，故名真如」〔註16〕。真如是作為法界相性真實如此的本來面
目，恆常如此，不變不異，不生不滅，不增不減。真如與「本體」聯繫，意
味著「本體」作為某種普遍本質，去掉了它單純表物與表象的特點，而具有
了某種抽象的、根本的、超越的意義；從此角度，則可以說，「本體」一詞在
佛學中完成了它哲學概念化的過程。

佛學之中有多種關於本體性相的學說，本體與諸法的關係也各有不同，
例如唯識宗以三性、三無性敘述萬有之有空觀，從「有」的一端來說明萬有
之自性，從「空」的一端來詮顯諸法皆空，故強調現象為空或假有，而真如
實體為真有，這種「有空中道論」突出了本體與世間物象的對立。天台宗依
據法華經、《中論・觀四諦品》「眾因緣生法，我說即是空，亦為是假名，亦
是中道義」的頌文以及《大智度論》「三論一心中得」的說法，說明空、假、
中三諦圓融之妙理，藉以揭示諸法本來圓融無礙之體性；並主張人們如果能
脫離迷妄，即可直接體達一切諸法實相，這種「諸法實相論」突出差別即是
平等，現象即是實體，事相本體無二無別。此外，華嚴宗的法界緣起、密宗
的六大緣起等理論，也都倡言現象即是本體。〔註17〕

隋唐時期佛學發展史上最為重要的事件，是禪宗的興起。在禪宗中的發
展過程中，出現了不少使用「本體」的範例，如黃檗希運禪師謂「直下無心
本體自現」〔註18〕；九峰道虔禪師謂「本體不離」〔註19〕，大珠慧海和尚謂

〔註16〕《大乘起信論校釋》，頁17，高振農校，中華書局，1992年4月版。
〔註17〕 參見《佛光大辭典》頁1983～1984，佛光出版社，1999年2月第3版。
〔註18〕《景德傳燈錄・卷九・附黃檗希運禪師傳心法要（河東裴休集）》：「世人不悟只
　　　　認見聞覺知為心。為見聞覺知所覆。所以不?精明本體。但直下無心本體自現。」
〔註19〕《景德傳燈錄・卷十六・九峰道虔》：問承古有言真心妄心如何。師曰：「是
　　　　立真顯妄。」曰：「如何是真心？」師曰：「不雜食。」曰：「如何是妄心？」
　　　　師曰：「攀緣起倒是」曰：「離此二途，如何是學人本體？」師曰：「本體不離。」
　　　　又見《五燈會元・卷六・九峰道虔禪師》：問：「古人道：『因真立妄，徒妄顯真。』
　　　　是否？」師曰：「是。」曰：「如何是真心？」師曰：「不雜食是。」曰：「如
　　　　何是妄心？」師曰：「攀緣起倒是。」曰：「離此二途，如何是本體？」師曰：

「從本體起迹用，從迹用歸本體，體用不二，本迹非殊」〔註 20〕。此數處所謂「本體」，皆爲「心之本體」，此本體並非實體含義，而是指心的無起滅等性質，即所謂本心。禪宗作爲「教外別傳、不立文字、直指人心、見性成佛」的最典型的中國化佛教宗派，其倡言「前念迷即凡，後念悟即佛」、「即煩惱即菩提」，要大眾「契本心」的進路，乃是爲徹見心之本體、即所謂識自家本來面目；這種心性論意義上的「本體」概念用法，爲宋明理學開了先河。

除了佛教之外，道家道教之中也出現了不少關於「本體」的提法，如呂洞賓的一首七律：

> 玄門玄理又玄玄，不死根元在汞鉛。
>
> 知是一般眞個術，調和六一也同天。
>
> 玉京山上羊兒鬧，金水河中石虎眠。
>
> 妙要能生覺本體，勤心到處自如然。（《全唐詩》卷 851）

此處「本體」似從「不死根元」處說，與佛教之即色即空的本體說法又有所差別。

在中國哲學中，「本體」一詞作爲一個哲學概念，從一開始就沒有表現出可以作爲獨立的實存而出現的特點。而我們知道，在西方哲學中，本體之爲獨立的實在，是有源遠流長的傳統的，如古希臘柏拉圖的「理念」、以及近代康德的「物自體」。

四、宋明理學中「本體」概念略述

馮友蘭先生在論及道學時候說，道學就是對禪宗再下一轉語。〔註 21〕本體概念在宋代的發展，同樣可以用「下轉語」來形容，若現象即是本體，那麼爲何還需要用眞如的名義？

理學家中首倡本體說法的，是張載。在《正蒙·太和篇》中，張載明確提出「太虛無形，氣之本體」的說法。張載提揭太虛，乃是以至實之虛對治佛學「以山河大地爲見病」的說法、以至虛之實破除道家道教「有生於無」

〔註 20〕　「本體不離。」曰：「爲甚麼不離？」師曰：「不敬功德天，誰嫌黑暗女。」
《景德傳燈錄·卷第二十八·越州大珠慧海和尚語》：「淨者本體也，名者迹用也；從本體起迹用，從迹用歸本體，體用不二本迹非殊，所以古人道：『本迹雖殊，不思議一也。』」

〔註 21〕　《中國哲學史新編》第 5 冊，頁 9，人民出版社，1988 年 1 月第 1 版。

的理論。氣散入太虛，無形，爲清，爲無礙，爲神，爲形而上的道；氣聚成世間萬物，有形，爲濁，爲窒礙，爲形而下的器。形與不形，清與濁，礙與無礙，都是氣之「一物」而具有的「兩體」。太虛超越了有形之氣，然而太虛又並非異質於氣的存在，其所謂「本體」，並不是指太虛作爲氣背後的超越性實體賦予氣以存在根據，太虛乃是氣的本然的存在狀態，此所謂「太虛即氣」。

「本體」說法在張載的著作中僅此一見，在其它時候，他是用「體」概念來表達同一個意思。「本體」一詞在張載之後的理學家著作中也有零星的表現，如楊時謂「蓋氣之本體也」〔註22〕，謝良佐謂「性，本體也」〔註23〕等。到了朱子，「本體」一詞始大量出現。其所謂本體，有所謂「天理自然之本體」〔註24〕，「『才說是性，便已涉乎有生而兼乎氣質，不得爲性之本體也，然性之本體，亦未嘗雜』」〔註25〕，「虛靈自是心之本體……豈有形象」〔註26〕等等。可以說理學之中「本體」的種種用法，實大成於朱子。

朱子所謂本體，也指本然狀況或者本然性質，例如「心之本體」並非指意識之中有另一實體，而是指意識過程之中的原始狀態。〔註27〕朱子關於「本體」諸說法中有所謂「天理自然之本體」，可與張載的「自然之爲體」〔註28〕相對比。張載之「自然之爲體」，指的是太虛；而朱子在說「天道者，天理自然之本體，其實一理」的時候，強調的是理作爲自然運行的背後「體」的意義。朱子之「理」並非在時空上有一個先獨立於氣的存在，但是他承認「未有天地之先，畢竟是先有此理」（《朱子語類》卷一），這樣一種邏輯在先的說法，使得理作爲所以然的根據，對於氣有一種絕對的主導；因此，朱子認爲，理是形而上的，氣是形而下的〔註29〕。據此，朱子認同程頤對於張載「清虛一大」的指責，認爲張載把形而下的東西說成形而上，「最是於此處不分明」〔註30〕。

〔註22〕《龜山集》卷八。

〔註23〕《上蔡語錄》卷一。

〔註24〕朱熹《論語集注・公冶長》：「天道者，天理自然之本體，其實一理也。」

〔註25〕《朱子語類》卷九十五。

〔註26〕《朱子語類》卷五。

〔註27〕《朱子哲學研究》頁249～250。

〔註28〕《張載集》頁182：「大易不言有無，言有無，諸子之陋也，人雖信此說，然不能知以何爲有，以何謂之無，如人言自然，而鮮有識自然之爲體。」

〔註29〕《朱子語類》卷一：「天地之間，有理有氣。理也者，形而上之道也，生物之本也；氣也者，形而下之器也，生物之具也。」

〔註30〕轉引自《張載集》，頁343。

明代大儒之中，王陽明也說本體，如「充拓的盡，便完完是他本體」（《傳習錄》上）。其所謂本體，也是本然的內容之意，此點張岱年先生在《中國哲學的本體觀念》一文中已有說明，在此不復贅述。此外，陽明是比較明確的將本體與工夫作為一對概念而加以論述的。在陽明那裏，本體即是良知，工夫即是致良知；良知知善知惡，知之必能行，所以即本體便是工夫；致良知為善去惡，本身又是良知之用，所以工夫即是本體。要之，「工夫不離本體……工夫不要有內外，乃是本體工夫。」（《傳習錄》下）。陽明之後，本體與工夫成了中國哲學史上一對重要的範疇。

五、結語

自從 19 世紀日本學者將西方哲學中 ontology 一詞翻譯成「本體論」並被中國學術界接受以來，關於「本體論」的翻譯是否合適就曾引起討論，如陳康先生在 20 世紀 40 年代就已經提出，用「本體論」翻譯 ontology 一詞可以商榷〔註 31〕。但是，陳康先生的這一質疑並沒有得到廣泛的應對；因此，雖然 ontology 在中國也有其它的翻譯，但是用本體論來指稱 ontology 畢竟成了哲學界、思想界的主流用法。近年來，關於「ontology」及其詞根「on」的譯名問題，已經成為學術界討論的一個熱點。從討論的情況看，大多數學者已經承認，採用「本體論」來翻譯「ontology」，或者把中文中的「本體論」這一術語與西方作為一門哲學分支學科的「ontology」，作為含義相同的概念等同起來，是非常不妥的。因此，如同始作俑者日本哲學界的做法一樣（從 19 世紀末到 20 世紀上半葉，日本哲學界普遍採用「本體論」這個譯名，但 20 世紀 30 年代以後，日本學者已逐漸放棄「本體論」而採用「存在論」一詞，大約從 50 年代至今便幾乎完全用「存在論」代之，「本體論」這一術語已經消失），中國有的學者也主張徹底廢除漢語中「本體論」這一術語。〔註 32〕

「本體論」作為一種自足自明的純邏輯體系，其支點或曰基礎即是「本體」〔註 33〕。雖然「本體論」的說法為中國傳統文化所無，但是關於「本體

〔註 31〕 參見陳康：《尼古拉·哈特曼》一文注 1，見《陳康：論希臘哲學》，頁 476，商務印書館，1990 年 9 月版。在這篇文章中，陳康先生以「翁陀羅己」音譯 Ontology，但在以後的著作中他也採用過「萬有論」的譯法，如在《柏拉圖》一文中就以萬有論與認識論對舉。
〔註 32〕 參見劉立群：《「本體論」譯名辨正》，載《哲學研究》，1992 年第 12 期。
〔註 33〕 參見王峰明：《「本體論」現代詮釋的困境和出路》，載《社會科學》，1997 年

論」的爭論又的確是中國文化本身的問題——因為「本體」一詞在中國傳統文化中屢見不鮮；而且，正是由於「本體」是中國固有之詞，那麼當翻譯者以「本體論」一詞來對應西方哲學中的 ontology、以及被當時以及隨後接受這一翻譯的人的眼中（包括日本人以及中國人），中國固有的「本體」說法與 ontology 要探討的問題顯然具有某些類似之處。也就是說，「本體論」一詞從其面世之日起就具有了中西文化對話與交流的性質——在使用「本體論」以對應 ontology 之時，已經具有立基於中國固有文化傳統來格義與會通西方哲學這樣一個前提。如今我們要重新檢視「本體論」的說法，首先要討論的就是這種文化層面的格義與會通之前提是否成立。

在西方哲學中，本體有兩個詞根來源，從而引申出兩種含義。1、源自 ousia，也譯作「實體」，它與希臘詞語「是」（on）相似，由此而來的「本體」單詞是 substance。在亞里士多德那裏，「本體」是支撐其他一切東西的終極主體，本體有第一本體（可感個體）與第二本體（種與屬）。〔註34〕2、源自 noein，「思維」，其意思是指「被思想的事物」或者「理智的事物」，作為可理解對象或者終極實在的事物，相對於現象，即「顯現的或者可感的事物」。這個區別古已有之，並在柏拉圖的「形式論」（the theory of ideas，通常翻譯成「理念論」）中得到充分的討論，由此而來的本體一詞是 Noumenon，這一詞特別與康德有關，在他那裏本體概念就是「只通過純理智認作是物自身的東西——是絕無矛盾的概念。」〔註35〕

通常說西方哲學本體實而不顯，現象顯而不實的說法，是西方哲學中柏拉圖和康德學說意義上的本體概念，這一概念所暗含的本體即是獨立之實體的意思，在中國哲學的本體說法中，如上文所說是完全沒有表現的。但是亞里士多德所謂「本體」是最終之基質的說法，這與中國哲學中以「本體」作為本然體狀的說法卻有相近之處。將 ontology 翻譯成「本體論」，從此意義上理解並非沒有理由。

第 4 期。

〔註34〕參見《西方哲學英漢對照辭典》（Dictionary of Western Philosophy）頁 963～964，尼古拉斯・布寧（Nicholas Bunnin）、余紀元主編，人民出版社，2001年 2 月第 1 版。

〔註35〕同上書，頁 690～691。